Rudina Pema

# Podem os conselhos de administração das ONGI assegurar a responsabilização das organizações mundiais?

Rudina Pema

# Podem os conselhos de administração das ONGI assegurar a responsabilização das organizações mundiais?

ScienciaScripts

**Imprint**
Any brand names and product names mentioned in this book are subject to trademark, brand or patent protection and are trademarks or registered trademarks of their respective holders. The use of brand names, product names, common names, trade names, product descriptions etc. even without a particular marking in this work is in no way to be construed to mean that such names may be regarded as unrestricted in respect of trademark and brand protection legislation and could thus be used by anyone.

Cover image: www.ingimage.com

This book is a translation from the original published under ISBN 978-3-659-86840-5.

Publisher:
Sciencia Scripts
is a trademark of
Dodo Books Indian Ocean Ltd. and OmniScriptum S.R.L publishing group

120 High Road, East Finchley, London, N2 9ED, United Kingdom
Str. Armeneasca 28/1, office 1, Chisinau MD-2012, Republic of Moldova, Europe
Managing Directors: Ieva Konstantinova, Victoria Ursu
info@omniscriptum.com

Printed at: see last page
**ISBN: 978-620-8-50019-1**

**Resumo**

Com o objetivo de contribuir para a investigação dos efeitos da globalização nas organizações humanitárias, este artigo analisa o papel de liderança desempenhado pelos conselhos de administração na garantia da responsabilização destas organizações. Depois de analisar a literatura existente na área das funções e responsabilidades dos conselhos de administração, da prestação de contas das ONG e da globalização das organizações humanitárias, o artigo centra-se num estudo de caso da Federação Internacional das Sociedades da Cruz Vermelha e do Crescente Vermelho (FICV), que é a organização humanitária global por excelência, com presença em 190 países ou 97% dos países membros da ONU. Para tal, examina-se o modus operandi do Conselho Diretivo através da revisão das suas decisões, dos relatórios das suas reuniões e das publicações de documentos estratégicos e políticos.

O documento regista o facto de a FICV não dispor de um quadro de responsabilização e propõe um modelo potencial. Ao examinar os diferentes níveis de responsabilização, este documento analisa as práticas e sistemas da FICV em vigor e identifica as lacunas existentes. Como resultado, é possível identificar os seguintes tipos de responsabilidade na FICV: responsabilidade perante os doadores, perante os beneficiários e, finalmente, responsabilidade interna entre as sociedades nacionais que compõem a FICV.

Em conclusão, o documento explora os desafios enfrentados pelo Conselho de Administração da FICV para manter a organização responsável perante as partes interessadas, em resultado da globalização. Esta análise identifica algumas medidas tomadas pela FICV para enfrentar estes desafios e alguns dos mecanismos de resposta adoptados pelo Conselho de Administração.

# ÍNDICE DE CONTEÚDOS

**Lista de acrónimos**

| | |
|---|---|
| ACEVO | Association of Chief Executives of Voluntary Organisations |
| ASEAN | Association of Southeast Asian Countries |
| CARE | CARE International |
| CAS | Cooperation Agreement Strategy |
| CEO | Chief executive officer |
| CSO | Civil Society Organisation |
| CMC | Compliance and Mediation Committee |
| HAP | Humanitarian Accountability Partnership |
| ICRC | International Committee of the Red Cross |
| IFRC | International Federation of Red Cross and Red Crescent |
| INGOs | International non-governmental organisations |
| GROs | Grass root organisations |
| NEPARC | New Partnership for African Red Cross and Red Crescent Societies |
| NGOs | Non-governmental organisations |
| ONS | Operating National Society |
| OXFAM | OXFAM International |
| PLAN | PLAN International |
| PNS | Participation National Society |
| SCHR | Steering Committee for Humanitarian Response |
| SPHERE | Sphere project; Humanitarian Charter and Minimum Standards in Disaster Response |
| TEC | Tsunami Evaluation Coalition |
| UN | United Nations |
| USD | US Dollars |
| USAID | U.S. Agency for International Development |

## Capítulo 1

### Secção 1 Introdução ao tema

Nas décadas de 1980 e 1990, as ONG expandiram as suas actividades para além das fronteiras nacionais e transformaram-se em organizações internacionais. Este fenómeno foi acelerado, em grande parte, devido à mudança do apoio dos governos doadores, que deixou de ser bilateral e passou a ser canalizado através das ONG.

"...uma proporção muito significativa das despesas relacionadas com a saúde, a educação e a pobreza da maioria das agências governamentais é agora efectuada por ONG." (Smillie, 1999: 15)

Como resultado, algumas "super ONG", como lhes chama Smillie, tornaram-se globais, transformando o negócio humanitário e criando a globalização da ajuda.

A globalização da ajuda teve um impacto significativo nas ONG: as relações que mantêm com os seus governos e doadores, o papel que desempenham na cena internacional e as relações com as comunidades que apoiam, etc.

A presente dissertação centrar-se-á nos efeitos internos que a globalização da ajuda tem nas ONGI e, mais especificamente, na capacidade dos conselhos de administração para assegurar a responsabilização da organização perante as partes interessadas.

O conselho de administração desempenha um papel crucial, tem uma enorme responsabilidade e enfrenta uma série de desafios no exercício das suas funções. Em última análise, os conselhos de administração são responsáveis pela organização.

Esta dissertação responderá à seguinte questão: este papel mudou devido à globalização e, em caso afirmativo, como é que mudou? A governação de uma ONGI é capaz de exercer esta função e, em caso negativo, o que deve ser feito para tornar os conselhos de administração eficazes na nova realidade?

Os conselhos de administração das organizações têm a responsabilidade de representar os "proprietários" da organização, que são os acionistas, no caso das organizações com fins lucrativos, os membros, no caso das organizações baseadas na adesão, ou os apoiantes. A fim de garantir que a organização é gerida de acordo com os melhores interesses dos "proprietários", o conselho de administração toma um conjunto de decisões políticas, tais como articular e promover a visão, a missão e os valores da organização, conceber a estratégia a médio e longo prazo da organização e adotar decisões políticas em diferentes áreas de atividade.

A globalização afectou, antes de mais, a dimensão e a área de atuação das organizações. Para além da carteira de programas, o número e o âmbito das parcerias aumentaram. O número de funcionários em mais do que um país aumentou. Os programas são concebidos, executados e monitorizados longe da sede e muitas decisões programáticas são tomadas no terreno.

Para que o conselho de administração possa controlar a responsabilidade da organização, os seus membros têm de dispor de um elevado nível de informação pormenorizada, o que significa que esta tarefa se tornou um "trabalho a tempo inteiro" para os membros do conselho de administração. Isto aumentou consideravelmente os desafios dos membros do conselho de administração que, tradicionalmente, no sector não lucrativo, assumem o seu papel voluntariamente e, normalmente, como uma responsabilidade adicional ao seu trabalho principal.

As organizações têm de prestar contas a várias partes interessadas. Com o aumento da dependência do financiamento dos doadores, especialmente do governo, surge uma hierarquia de responsabilidade. O mais exigente e o primeiro a ser servido é o doador, seguido dos parceiros, sendo os beneficiários das comunidades afectadas os últimos da cadeia. Devido a este dilema, é necessário conceber sistemas de monitorização que permitam ao conselho de administração gerir e controlar a responsabilidade da organização.

Como já foi referido, o conselho de administração deve preservar a integridade da organização, salvaguardar os interesses dos "proprietários" e controlar qualquer potencial conflito de interesses que a direção de uma organização possa ter. Por um lado, os interesses da organização e, por outro, os interesses individuais dos seus empregados, incluindo o diretor executivo. O bom funcionamento do conselho de administração contribui diretamente para a eficácia e a credibilidade da ONGI. É vital que os conselhos de administração sejam selecionados (eleitos), formados e apoiados adequadamente.

Esta dissertação analisará um estudo de caso baseado na Federação Internacional da Cruz Vermelha e do Crescente Vermelho (IFRC).

**Secção 2 Motivação da investigação**

A motivação para explorar os efeitos da globalização sobre a capacidade da liderança das ONG internacionais para assegurar a responsabilização vem do facto de testemunhar o modus operandi da minha organização, a Federação Internacional, e os desafios que o Conselho Diretivo enfrenta.

Como profissional do desenvolvimento, há muito tempo que trabalho no apoio às estruturas de governação da Cruz Vermelha Albanesa e da FICV. Tenho observado mudanças no papel que o conselho de administração está a desempenhar ou a tentar desempenhar, ao mesmo tempo que questiono as razões subjacentes a essas mudanças.

Ao mesmo tempo, a grande mudança no sector humanitário é a globalização da ajuda. Tenho estado cada vez mais interessado em explorar a forma como a globalização afecta o papel e as responsabilidades do conselho de administração e, mais especificamente, em assegurar a responsabilidade da organização.

**Secção 3 Limitações do estudo**

Existem várias limitações na abordagem deste tema. Uma delas é a amplitude e a complexidade do argumento. Muitas questões poderiam ter sido mais exploradas, como a comparação entre organizações sem fins lucrativos e organizações com fins lucrativos, a comparação entre organizações do Sul e do Norte, etc.

A literatura sobre as funções e o desenvolvimento dos conselhos de administração é limitada e centra-se principalmente nos conselhos de administração com fins lucrativos, estando a literatura existente geralmente desactualizada. Trata-se de um domínio que necessita de mais investigação.

Embora a globalização seja um tema popular, há pouca análise dos efeitos dos fenómenos na própria organização e ainda menos na liderança da organização.

A literatura sobre prestação de contas é bastante recente, uma vez que o tema é bastante recente, especialmente o "novo" conceito de prestação de contas, que vai muito para além da prestação de contas financeira.

A metodologia para esta dissertação baseia-se em literatura secundária, incluindo investigação académica, um estudo de caso e literatura cinzenta da Federação Internacional das Sociedades da Cruz Vermelha e do Crescente Vermelho.

**Secção 4 Resumo dos capítulos**

O capítulo seguinte - capítulo dois - começará por analisar a literatura sobre os conselhos de administração, as suas funções e desafios. Também darei uma visão geral dos três conceitos das teses: o conceito de responsabilidade, governação e globalização. Depois de analisar estes três conceitos, analisarei a forma como interagem entre si. Mais concretamente, como é que o papel do conselho de administração nas organizações globais está a mudar e quais são os desafios emergentes para garantir a responsabilização perante as múltiplas partes interessadas em resultado da globalização da ajuda.

O terceiro capítulo apresenta a questão de investigação e a metodologia de investigação.

O capítulo quatro apresenta o estudo de caso da Federação Internacional das Sociedades da Cruz Vermelha e do Crescente Vermelho. Aborda a capacidade de liderança do Conselho de Administração da organização no mundo global real. Além disso, examina a tendência recente e crescente de as sociedades nacionais doadoras implementarem elas próprias programas em países carenciados. Além disso, o capítulo analisará o conceito de responsabilidade organizacional da Federação Internacional e a capacidade do Conselho Diretivo para o assegurar.

O quinto capítulo retira conclusões da experiência da Federação Internacional e discute a necessidade de rever os mecanismos de tomada de decisão e de monitorização de qualquer organização global, de modo a manter a sua identidade única e a implementar com êxito a sua missão e a alcançar a sua visão.

## Capítulo 2

## Revisão da literatura

Este capítulo debruçar-se-á sobre a literatura existente relativa aos conceitos-chave analisados no presente documento.

A secção 1 abordará as definições de conselho de administração e o papel que este desempenha numa organização, bem como os desafios enfrentados, tal como reflectidos na literatura analisada.

A secção 2 analisa o conceito de responsabilização, a sua definição e os diferentes níveis de responsabilização.

A secção 3 analisa o fenómeno da globalização das organizações humanitárias. As razões para essa globalização e a forma como esta tendência influencia a organização e a sua capacidade de cumprir a sua missão.

A secção 4 analisará as ligações entre os três conceitos e tirará algumas conclusões sobre a influência que a globalização teve na responsabilização das organizações e na capacidade dos conselhos de administração para garantir a conformidade.

### Secção 1: Conselhos de Administração: papel e desafios

A literatura oferece diferentes definições de governação, mas há sobretudo quem veja a governação como um sistema e um processo e quem a defina como uma estrutura. A literatura mais antiga tende a definir a governação como o processo de liderança da organização, ao passo que o pensamento mais recente diferencia a liderança política - assegurada por um conselho de administração - da liderança executiva - assegurada por um diretor executivo e pelos quadros superiores. Por exemplo, Acevo define governação como:

> "Os sistemas e processos que asseguram a direção geral, a eficácia, a supervisão e a responsabilidade de uma organização. No nosso sector, os administradores assumem a responsabilidade final pela governação das suas organizações." (ACEVO, 2005: 4)[1]

Enquanto estiver no sector do voluntariado, o manual jurídico

> "O órgão de direção é a pessoa responsável, por lei, pela gestão da organização"
> (Adirondack & Sinclair-Taylor, 2001: 140)

Embora a ACEVO considere a governação como o processo de liderança que assegura a eficácia e a responsabilidade da organização, reconhece a responsabilidade final do conselho de administração.

---

[1] ACEVO *Good Governance, A Code for the Voluntary and Community Setor*, 2005
http://www.governancehub.org.uk/downloads/Gd-Gov-FINAL.pdf

A governação é um processo bastante complexo e está repartido por diferentes pessoas e estruturas numa organização . Em diferentes organizações, a governação tem estruturas diferentes, mas normalmente o conselho de administração ou o conselho de curadores é o órgão que lidera a estrutura de governação. O presente documento refere-se à governação principalmente como estrutura. Isto porque o objetivo é analisar a capacidade do conselho de administração para se adaptar ao ambiente em mudança da atividade humanitária e cumprir as suas responsabilidades legais como responsável último pela organização.

Comecemos por analisar a importância do conselho de administração numa organização. Os conselhos de administração são comuns tanto no sector "com fins lucrativos" como no "sem fins lucrativos". No caso do sector com fins lucrativos, é uma forma de os acionistas manterem o controlo da empresa - em última análise, o seu investimento - para gerir o risco através de um grupo de pessoas selecionadas em quem confiam e que representam os interesses dos acionistas. Quando o conselho de administração não cumpre essas expectativas, os investimentos dos acionistas ficam em risco. De acordo com Useem, se os conselhos de administração da WorldCom, da Disney e da Enron tivessem analisado e revisto as decisões de gestão, teriam evitado a queda das empresas. (Useem, 2006: 6-7)

As organizações associativas sem fins lucrativos são propriedade dos seus membros. São os membros que elegem os dirigentes para os representar. Existe uma outra categoria de ONG que não se baseia na filiação e que ganha legitimidade a partir do nível de apoio que tem entre o público em geral.

Embora os sectores com e sem fins lucrativos tenham objectivos finais diferentes, de acordo com as duas definições de Zander e Demb, Neubauer, o papel do conselho de administração é substancialmente o mesmo.

> "Os conselhos de administração foram criados como um mecanismo para responsabilizar a gestão profissional perante os proprietários e, nalguns países, perante os trabalhadores." (Demb & Neubauer, 1992: 26)
>
> "Um conselho de administração pode assegurar que o pessoal da sua organização preste serviços que beneficiem a comunidade" (Zander, 1993: 29)

Para eles, o conselho de administração tem o papel de "proteger" a organização da potencial má gestão dos seus empregados.

O conselho de administração supervisiona a utilização dos recursos e certifica-se de que a estratégia da organização se inspira na visão, na missão e nos valores da organização.

"Os administradores, enquanto Conselho de Administração, devem ser coletivamente responsáveis por assegurar e monitorizar o bom desempenho da organização, a sua solvência e o cumprimento de todas as suas obrigações." (ACEVO, 2005: 7)

A gestão da organização ou empresa está nas mãos do pessoal liderado pelo diretor executivo. O pessoal é responsável por transformar os recursos da organização no serviço ou produto que o proprietário espera. Cada organização tem uma missão específica e torna-a pública. A comunidade apoia-a, quer aderindo à organização e tornando-se membro, quer tornando-se apoiante e doando dinheiro. A principal responsabilidade da direção é garantir que a organização cumpre a sua missão. A direção deve também controlar a utilização dos recursos fornecidos pela comunidade para garantir que são utilizados para alcançar o impacto proposto pela estratégia da ONG.

Outro papel importante do conselho de administração é proteger a organização através da monitorização constante do ambiente operacional. Por vezes, a organização toma posições políticas e/ou adere a alianças que podem ter consequências para a organização. É o conselho de administração que tem de analisar os potenciais benefícios e riscos para a organização e, eventualmente, tomar a decisão. Após a intervenção da coligação no Iraque, a World Vision International declarou, em sinal de protesto, que a organização não se candidataria a subsídios dos governos da coligação para financiar as suas operações de socorro. Esta posição forte não foi isenta de consequências para a organização, tendo em conta que o Governo americano é um dos seus principais doadores.

Um exemplo semelhante no sector lucrativo é o processo de conceção do novo avião 787 da Boeing no início da década de 2000. A resolução de todos os desafios de conceção a caminho de uma solução final custou milhares de milhões de dólares. O conselho de administração esteve envolvido naquilo a que o então presidente não executivo Lewis Platt chamou uma "decisão de apostar a empresa" na conceção do avião. (Useem, 2006: 4)

Um terceiro papel do conselho de administração é indicar um conjunto de valores organizacionais e garantir que a atividade é conduzida no pleno respeito desses valores. As organizações lidam com muitas partes interessadas e com situações difíceis e em mudança. Nem todas as partes interessadas, parceiros e pessoal partilham os mesmos valores que a ONG. É por isso que as organizações têm códigos de conduta como parte do seu sistema de RH, parcerias, etc. Um exemplo recente foi a preocupação manifestada pelo Secretário-Geral Ban Ki-moon relativamente às conclusões de um relatório elaborado pela Save the Children sobre os abusos sexuais contra crianças perpetrados pelo pessoal das Nações Unidas, principalmente pelas forças de manutenção da paz. Ban Ki-moon condenou os casos e garantiu a todas as partes interessadas que a ONU reforçará as medidas já adoptadas.

> "A ONU já tomou várias medidas para resolver o problema, incluindo a criação de unidades de conduta e disciplina em todas as missões para reforçar a formação de todo o pessoal." (Centro de Notícias da ONU, 2008)

Em conclusão, o Conselho de Administração tem um papel de gestão, um papel estratégico e um papel ético. Na sua função de gestão, o Conselho de Administração monitoriza o desempenho da organização. Na sua função estratégica, o Conselho de Administração orienta a organização para o futuro, tentando prever as consequências das suas decisões e minimizar os riscos. No seu papel ético, o Conselho de Administração cria os mecanismos necessários, tais como políticas, códigos de conduta, estruturas de controlo, etc., para garantir que o pessoal, os parceiros e outras partes interessadas se comportam de acordo com os valores organizacionais.

Tal como definido por Jay Lorsch, a direção:

1. "aconselhar e analisar o desempenho do diretor executivo
2. determinar direcções estratégicas
3. assegurar que a atividade empresarial é conduzida de forma ética, legal e socialmente responsável" (Lorsch, 1989: 63-70)

Segundo Galaskiewicz, no caso das organizações de base, o conselho de administração confere legitimidade à organização perante a comunidade de onde provêm e faz parte da sua identidade local. Como as partes interessadas muitas vezes não podem saber se as organizações sem fins lucrativos cumprem a sua missão ou como os seus fundos são utilizados, julgam a organização pela composição do seu conselho de administração. (Galaskiewicz, 2001: 51)

> "... o conselho de administração pode ser considerado como a última forma de controlo da empresa, com a responsabilidade de monitorizar e recompensar os executivos principais, assegurando ao mesmo tempo que a atividade da empresa reflecte as expectativas das partes interessadas." (Miller & Millesen, 2003: 531)

Desafios dos conselhos de administração

A relação entre o conselho de administração e a direção da organização é normalmente um desafio. As duas componentes têm um papel importante a desempenhar em apoio uma da outra. A direção precisa de uma visão e de uma estratégia claras por parte do conselho de administração para poder cumprir o seu papel. A direção tem a responsabilidade de garantir o bom desempenho da organização, enquanto o conselho de administração deve indicar o objetivo que a organização pretende alcançar no futuro.

"A visão da empresa deve indicar uma compreensão clara do ponto em que a empresa se encontra atualmente e oferecer um roteiro para o futuro" (Quigley, 1993: 5).

O conselho de administração precisa da informação necessária da direção para tomar decisões políticas que orientem a organização. Cada decisão política deve ter em conta as tendências em matéria de vulnerabilidade, as partes interessadas e os parceiros que operam na mesma área e, sobretudo, as tendências em matéria de angariação de fundos.
A governação depende de informação de qualidade e de aconselhamento por parte da direção e precisa de receber feedback de uma perspetiva de governação (Hind, 1995: 16). Por exemplo, para tomar decisões adequadas, o conselho de administração precisa de ter informações sobre as tendências da vulnerabilidade, os serviços já oferecidos pelos parceiros na mesma comunidade e as ameaças externas que podem influenciar os resultados de uma intervenção. A direção deve estar em condições de oferecer essa informação, para além de um aconselhamento técnico adequado que permita ao conselho de administração analisar a situação global e tomar uma decisão.

Por vezes, os conselhos de administração têm dificuldade em definir o seu papel. É por isso que os membros do conselho de administração podem assumir tarefas administrativas da direção.

> "... todos os conselhos de administração ... enfrentam o mesmo desafio na definição da sua pasta: distinguir um limite razoável e produtivo entre as responsabilidades do conselho de administração e da direção." (Demb & Neubauer, 1992: 66)

A interdependência das duas componentes faz com que a cooperação entre elas seja uma prioridade para o sucesso de uma organização. O conselho de administração e a direção da organização coexistem em "gelo fino". A organização é dirigida pelo conselho de administração, que detém a responsabilidade final, mas é administrada pela direção na sua atividade quotidiana. A direção toma decisões para a organização e apresenta relatórios ao conselho de administração em reuniões regulares. A direção dispõe da informação necessária, do tempo e, frequentemente, do interesse profissional para dirigir a organização.

> "O conselho de administração tem uma responsabilidade legal clara; a direção tem a infraestrutura, o conhecimento, o tempo - e frequentemente o apetite - para assumir esta responsabilidade" (Demb & Neubauer, 1992: 5)

Quem é o verdadeiro líder da organização?
Existem diferentes pontos de vista. Há quem considere que a direção é o ator principal.

> "É bastante popular e mais apelativo falar dos conselhos de administração como centros de poder, mas pensamos que este conceito se tornou excessivamente utilizado, altamente emocional e impreciso" (Demb & Neubauer, 1992: 71)

Taylor, Chait e Holland (2006) partilham o mesmo ponto de vista; questionam a apropriação pelo conselho de administração das decisões estratégicas da organização. As razões podem ser diferentes, como o receio do diretor executivo de ter um conselho de administração forte. Por vezes, os membros do conselho de administração não têm uma compreensão suficiente do trabalho da instituição e, frequentemente, têm dificuldade em trabalhar em equipa. (Taylor at al, 2006: 1)
Do mesmo modo, Lorch considera que os pontos fracos dos conselhos de administração, como a falta de uma visão comum sobre questões importantes, são a razão pela qual não cumprem a responsabilidade que lhes foi confiada - consequentemente, transferindo esse papel para a direção. (Lorsch, 1989: 96)

Uma posição diferente é aquela que considera o conselho de administração como o verdadeiro poder de decisão numa organização.

> "O executivo e os funcionários são os servidores do conselho de administração na execução do que o conselho de administração determina que a organização será e fará" (Howe, 1997: 15)

Em conclusão, os diferentes estudos sobre os conselhos de administração concordam, de um modo geral, que o papel do conselho de administração é muito importante e exigente, para além de ser vital para o presente e o futuro das organizações e para as relações que estas mantêm com as partes interessadas.
Diferentes autores concordam com o facto de os conselhos de administração terem o mandato, a responsabilidade legal e moral de decidir o presente e o futuro da organização.
O conselho de administração controla o desempenho da direção, especialmente do diretor-geral. O conselho de administração orienta a ação da direção ao tomar decisões estratégicas para a organização, desempenhando assim um papel de gestão dos riscos.
Em segundo lugar, os conselhos de administração devem certificar-se de que a organização cumpre a sua visão e os seus valores. Preservam os valores éticos da organização no processo de interação com as diferentes partes interessadas.

Em terceiro lugar, os conselhos de administração legitimam a organização perante as comunidades. A autoridade e a integridade do conselho de administração e de cada um dos seus membros é frequentemente uma garantia informal da integridade da organização.
Além disso, muitos estudos observam que, frequentemente, o conselho de administração carece de sistemas e oportunidades para exercer o seu papel. Os membros do conselho de administração reúnem-se poucas vezes por ano e, consequentemente, não têm espaço nem tempo para debater decisões importantes, pelo que acabam por aprovar sugestões da direção. A raridade das reuniões constitui um obstáculo ao desenvolvimento do espírito de equipa nos conselhos de administração.

**Secção 2 Responsabilidade**

Accountability é definida como "An obligation or willingness to accept responsibility or to account for one's actions" pelo Merriam-Webster-Online e como "Responsible to someone or for some action" pelo Collins English Dictionary (Collins, 1992: 10).
O Dicionário Oxford define o substantivo "accountable" da seguinte forma: "Exigido ou esperado para justificar acções ou decisões" (AskOxford.com 2008)

As pessoas que se dedicam à caridade fazem-no de boa vontade. É por isso que se pensa frequentemente que devem prestar contas dos seus actos à sua consciência. A exigência de transparência na ação das organizações humanitárias tem aumentado nos últimos anos. Atualmente, o público em geral e as próprias ONGI consideram a transparência da prestação de contas uma necessidade.

> "O conceito de responsabilidade ... é uma componente crucial das reivindicações de legitimidade." (Edwards & Hulme, 1996: 967)

A responsabilização dos governos e das organizações com fins lucrativos tem linhas claras de responsabilização. Os governos são responsáveis perante os eleitores e as organizações com fins lucrativos são responsáveis perante os seus acionistas. Em ambos os casos, a receção de um mandato direto é acompanhada da necessidade de responder, o que implica a responsabilização perante os mandatários.

> "A responsabilidade de uma ONG não eleita quando presta serviços a "clientes" é muito diferente das relações formais estabelecidas entre governos e cidadãos." (Edwards & Hulme, 1996: 967)

O sector humanitário está empenhado no processo de definição da responsabilidade. Várias instituições ou organizações fizeram do seu objetivo principal a definição e a medição do nível de responsabilização entre as ONGI. Algumas dessas organizações são membros da Humanitarian Accountability Partnership (HAP), fundada em 2003 para aumentar a promoção dos princípios de responsabilização. Em 2007, a HAP publicou a sua Norma de Responsabilidade Humanitária e Gestão da Qualidade (HAP, 2007: 4). A definição de responsabilidade da HAP é ".o meio pelo qual o poder é utilizado de forma responsável" (HAP web, 2008). Em julho de 2008, a HAP tinha 27 membros de pleno direito e 6 membros associados, cinco dos quais são ".certificados de acordo com a Norma HAP, o que significa que foi examinada e testada, demonstrando a conformidade da agência com os parâmetros de referência e os requisitos contidos na Norma HAP" (HAP web, 2008).

A One World Trust (OWT) também está envolvida no diálogo sobre a responsabilidade na atividade humanitária. Em 2003, a OWT publicou uma versão piloto do Relatório sobre a Responsabilidade Global, seguida das versões de 2006 e 2007. O Global Accountability Report é uma avaliação da responsabilidade das maiores organizações do mundo (intergovernamentais, empresariais e não governamentais) perante as pessoas que afectam. (OWT web 2008) A OWT define a responsabilização como "os processos através dos quais uma organização se compromete a responder e a equilibrar as necessidades das partes interessadas nos seus processos e actividades de tomada de decisões, e cumpre esse compromisso". (One World Trust, 2005: 5)

A responsabilidade das ONGI difere do sector governamental e com fins lucrativos. Para Lehman, como as ONGI não são eleitas, a sua responsabilidade limita-se ao cumprimento do "papel previsto para a contabilidade social e ambiental" (Lehman, 2007: 647)
Em linhas semelhantes, Kilby argumenta que as ONGI são responsáveis perante os seus valores, daí a necessidade de uma responsabilidade descendente, mas que esta responsabilidade é interna e abstrata (Kilby, 2006:954)
Além disso, Lehman considera que "a avaliação da responsabilidade das ONG reflecte um enfoque explícito na forma de narrar a contribuição para a boa sociedade e para as pessoas que a compõem". (Lehman, 2007: 654) Na sua perspetiva, a responsabilidade não é apenas a conformidade com os valores da organização, mas também a contribuição para o bem comum da sociedade.

Embora reconheça a importância da responsabilização para uma ONG, uma vez que a confiança das pessoas aumenta e, consequentemente, o seu apoio, Wenar também está preocupado com o custo de assegurar a responsabilização. Aconselha a realização de uma análise custo-benefício como parte do processo de responsabilização. (Wenar, 2006: 8-9)

Uma perspetiva diferente é a que considera a prestação de contas como uma necessidade para garantir a confiança e, por conseguinte, a legitimidade das ONGI (Jepson, 2005: 519). Esta posição vê a responsabilização como um elemento fundamental para assegurar o apoio (financeiro e de recursos) às ONGI, contribuindo assim para a sua sobrevivência.

De um modo geral, a responsabilidade é considerada como um sistema que assegura a adesão aos valores organizacionais, a transparência na tomada de decisões, os mecanismos de informação, a utilização correta dos recursos e o impacto (Edwards & Hulme, 1996: 967). Esta definição indica a complexidade da responsabilidade. A responsabilização implica a adesão à visão e aos valores da organização, a transparência no processo de tomada de decisões da organização, a existência de mecanismos de informação adequados que forneçam informações a todas as partes interessadas, bem como a responsabilização financeira. Esta complexidade da responsabilidade a vários níveis constitui um desafio para as ONGI. Por um lado, os riscos de uma responsabilização pouco clara se os sistemas não estiverem em vigor e, por outro, o aumento da burocracia na organização e os custos conexos.

> "Muitas das preocupações expressas sobre a não responsabilização das ONGs estão relacionadas com as dificuldades que enfrentam para dar prioridade e conciliar estas múltiplas responsabilidades." (Edwards & Hulme, 1996: 968)

Uma vez que as ONGI têm uma propriedade pouco clara e diferentes partes interessadas, identificaram diferentes tipos de responsabilidade.

> "Fundamentalmente, os governos locais e as ONG têm múltiplas responsabilidades - "para baixo", perante os seus parceiros, beneficiários, pessoal e apoiantes; e "para cima", perante os seus administradores, doadores e governos anfitriões. (Edwards & Hulme, 1996: 967)

A mais direta e bem estabelecida é a responsabilidade perante um doador. A apresentação regular de relatórios, auditorias e avaliações em são os meios para garantir essa responsabilização.

> "No caso das organizações doadoras, a relação de responsabilidade é relativamente simples, uma vez que existe um contrato que especifica as obrigações e que os doadores têm uma opção clara de saída quando estas não são cumpridas" (Hilhorst, 2002: 204)

Ao analisar o sistema de responsabilização da USAID, Wenar conclui que o objetivo de tais sistemas é servir os sistemas burocráticos nacionais em vez de servir o principal objetivo do desenvolvimento que é a redução da pobreza. O sistema é criado para manter o equilíbrio correto entre os interesses políticos do Departamento de Estado e as decisões do Congresso pressionadas por lobbies e grupos de interesse. Por isso, Wenar conclui que o sistema de responsabilização deve ser concebido especificamente para contribuir para a causa da redução da pobreza. (Wenar, 2006: 12-13) Do mesmo modo, Townsend J e Townsend A argumentam que "a cultura de auditoria dos doadores ... reduz o bem que é conseguido com o dinheiro sem reduzir suficientemente a fraude". (Townsend & Townsend, 2004: 271)

Uma vez que as ONGI recebem apoio do público em geral, devem também ser responsáveis perante ele. As ONGI publicam geralmente os seus relatórios em sítios Web; algumas delas tornam públicas avaliações importantes ou resultados de auditorias.

Cada vez mais, as ONGIs levantam a necessidade de uma parceria justa com as populações

> afectadas "...a relação com [as comunidades afectadas] é muito mais confusa. Não existe um contrato com normas acordadas. As populações locais podem não dispor de mecanismos eficazes de representação, não são homogéneas nas suas expectativas e, muitas vezes, não dispõem de meios de recurso se estas não forem satisfeitas." (Hilhorst, 2002: 204)

As ONGIs que passaram de uma abordagem baseada nas necessidades para uma abordagem de desenvolvimento baseada nos direitos aumentaram o nível de responsabilidade perante as comunidades. A abordagem ao desenvolvimento baseada nos direitos é orientada pelo pressuposto de que uma pessoa, enquanto ser humano, tem um conjunto de direitos que não podem ser postos em causa. Esta abordagem reconhece que as comunidades têm o direito de ter o controlo total da sua vida e dos programas que as afectam. Ao assumir que o apoio ao desenvolvimento é um direito dessas comunidades, as ONGIs sentem-se diretamente responsáveis perante essas comunidades.

> "... o regime de direitos é crucial porque fala na linguagem dos direitos..." (Yash Ghai, 2001: 12)

Apesar de valorizar a responsabilização perante as populações afectadas, Wenar acredita que a capacidade das populações afectadas para responsabilizar as organizações é uma utopia, uma vez que as pessoas pobres não têm nenhum mecanismo em vigor nem poder real para o fazer. (Wenar, 2006: 9-10) Para substituir a responsabilização perante as populações afectadas, Wenar confia num certo nível de responsabilização "entre os elos de ligação dentro das cadeias de instituições intermédias". (Wenar, 2006: 11)

Esta posição considera impossível que as ONGI sejam responsáveis perante a população afetada e é por isso que propõe substituí-la pela responsabilidade dos pares e de outras partes interessadas. É verdade que as populações afectadas não dispõem de meios legais para responsabilizar as ONGI, mas é possível estabelecer mecanismos de responsabilização perante as populações afectadas

através da sua participação na tomada de decisões, mecanismos de queixa, avaliações e aprendizagem, etc.
Ao tentar identificar formas viáveis de assegurar a responsabilização descendente, Kilby desenvolveu um esquema de responsabilização descendente para as ONG que se baseia tanto na "profundidade da responsabilização" como no "nível de formalidade". Através deste esquema, é possível comparar e avaliar os mecanismos de responsabilização das ONG em termos da qualidade do feedback recebido pelo seu eleitorado (profundidade) e da formalidade ou informalidade dos mecanismos de feedback (formalidade). Kilby utilizou estes esquemas para analisar o nível de responsabilização em quinze ONG indianas e identificou principalmente mecanismos informais de responsabilização descendente que assentam na participação dos beneficiários como meio de assegurar a responsabilização. (Kilby, 2006: 954-955, 960)
Outros estudos reconheceram que alguns dos mecanismos de responsabilização identificados são "a participação dos beneficiários... o tratamento das queixas... a participação e a responsabilização perante as organizações parceiras locais, a avaliação e o acompanhamento, os códigos de conduta, a auditoria social, a análise pelos pares, a acreditação, a legislação" (Hilhorst, 2002: 205-209)
Uma crítica dirigida aos sistemas formais de responsabilização é ".a excessiva confiança na documentação, nos objectivos e nos indicadores, bem como a desvalorização das práticas e relações profissionais de trabalho..." (Mawdsley et al, 2005: 81)

Em conclusão, a posição dominante da literatura é que a responsabilidade das ONGI é bastante complexa e difícil de alcançar. As ONGI têm uma responsabilidade a vários níveis perante os seus valores, os seus constituintes (beneficiários), os doadores e o(s) governo(s). A responsabilização é vista como um elemento importante para garantir a legitimidade das ONGI, mas alguns estudos observam a importância de um custo-benefício dos sistemas de responsabilização, bem como o risco de aumentar os níveis de burocracia das ONGI.
Os sistemas de que as organizações dispõem para cumprir os diferentes tipos de responsabilidades são diferentes. Nalguns casos, especialmente em relação aos doadores, as ONGI têm responsabilidades formais, tais como relatórios regulares, auditorias, etc. Normalmente, para prestar contas aos beneficiários, as ONGI utilizam sistemas informais, como a abordagem participativa para a conceção, execução e avaliação dos programas.

**Secção 3 Globalização da ajuda humanitária**

Este artigo tem como objetivo analisar as implicações da globalização para o papel e a eficiência dos conselhos de administração das ONGIs. Para o fazer, esta parte da revisão da literatura centrar-se-á na globalização da ajuda humanitária e nas implicações para as ONGIs. O nosso objetivo não é analisar a globalização em todos os seus aspectos, mas sim as suas caraterísticas que influenciam as ONGI nos seus esforços para cumprirem a sua missão.

A definição de globalização de Alonso é "uma nova era no sistema mundial, caracterizada pela deslocação das economias nacionais e dos Estados-nação, e pela sua recomposição com base em relações globais" (Alonso, 2000: 348). Esta definição regista a importância das relações globais e a reduzida influência dos Estados-nação.

A esta luz, concentremo-nos brevemente nas razões da globalização da atividade humanitária. Tal como referido na introdução deste documento, as décadas de 1980 e 1990 foram os anos de rápida expansão das organizações humanitárias. Reimann, referindo-se ao Yearbook of International Organizations, regista um aumento de 40% no número de ONG entre 1985 e 2003 e conclui reconhecendo que "as ONG proliferaram em número e tornaram-se actores cada vez mais influentes na política mundial nas últimas três décadas" (Reimann, 2006: 45). (ODI, 2008: 10)

As décadas de 1980 e 1990 registam uma tendência para os Estados abandonarem as suas responsabilidades e as ONG assumirem não só o papel dos Estados a nível nacional, mas também, e cada vez mais, o papel das organizações transnacionais. "À medida que os Estados são afastados, abre-se mais espaço para os actores da sociedade civil" (Edwards, 1999: 26)
Do mesmo modo, as organizações transnacionais, como o sistema das Nações Unidas e os governos nacionais, estavam a perder sistematicamente terreno, enquanto as ONG assumiam não só o seu papel.

> "A comunidade internacional e nacional das ONG continuou a crescer, sendo chamada a preencher a lacuna deixada pelas Nações Unidas, pelas instituições multilaterais e pelos governos nacionais em colapso" (Lindenberg & Bryant, 2001: 9)

Em comparação com os governos, eram considerados fiáveis, eficientes e próximos das pessoas necessitadas.

> "Embora existam poucas provas que sustentem esta convicção, as ONG são consideradas mais eficazes na prestação de ajuda ao desenvolvimento e mais reactivas e flexíveis do que os governos e as agências multilaterais" (Walsh & Lenihan, 2006: 412)

Além disso, Reimann argumenta que o crescimento do negócio humanitário ocorreu "em grande parte devido a processos descendentes de globalização política, ou seja, a globalização de estruturas políticas, instituições e valores democráticos liberais ocidentais. (Reimann, 2006: 46)

Mas a diminuição do papel dos Estados não é a única razão para o aumento do portefólio das ONG.

Lindenberg e Bryant identificam seis estímulos para o crescimento do sector das ONG:

1- Redução da dimensão do Estado
2- Colapso do Estado e aumento da anarquia
3- Aberturas democráticas, mais espaço para a sociedade civil
4- Fim da guerra fria
5- Incentivos públicos globais às ONG
6- Aumento das doações privadas às ONG (Lindenberg & Bryant, 2001: 10)

Na sua teoria, Lindenberg e Bryant dão grande importância às mudanças na Europa de Leste. De acordo com Lindenberg e Bryant, três das seis razões para o crescimento estão relacionadas com o enfraquecimento dos Estados e a introdução da democracia como resultado da demolição do bloco soviético e do fim da guerra fria. É verdade que o fim da guerra fria criou um clima fértil para a expansão das organizações humanitárias.

A mesma conclusão foi tirada por Barr at al num estudo sobre as ONG do Uganda, apesar de apenas algumas delas serem parceiros de confiança das ONG do Norte (Barr, 2005: 675). Muitos estudos referem uma atividade humanitária fragmentada nos países em desenvolvimento, enquanto que nos países desenvolvidos está a tornar-se cada vez mais centralizada.

> "O sector das ONG do Uganda é povoado por um grande número de pequenas organizações (Barr at al, 2005: 675)

Este crescimento das ONG humanitárias deve ser entendido como um fenómeno que está a acontecer, não de forma suave, mas de uma forma altamente fragmentada, com a multiplicação de ONG díspares em muitos países em desenvolvimento.

No seu "Voluntary sector governance survey 2007", a Baker Tilly refere que "quase três quartos das instituições de solidariedade social que responderam ao inquérito[2] estão incorporadas, em comparação com 64% em 2004 e 60% em 2000" (Allsop at al, 2007: 4)
Embora com diferenças distintas entre o Norte e o Sul, o crescimento é o denominador comum da atividade humanitária desde o final da década de 1980 e mais ainda na década de 1990.
Lester et al realizaram um estudo comparativo do sector não lucrativo em 22 países .[3]

---

[2] 600 instituições de solidariedade social participaram neste inquérito realizado no Reino Unido em 2007.
[3] Argentina, Áustria, Austrália, Bélgica, Brasil, Colômbia, República Checa, Finlândia, França, Alemanha,

Uma descoberta interessante deste estudo é:

> "... se o sector não lucrativo nestes países fosse uma economia nacional separada, seria a oitava maior economia do mundo. uma indústria de 1,1 triliões que emprega cerca de 19 milhões de trabalhadores equivalentes a tempo inteiro [45] " (Lester, 1999: 8-9)

O negócio da ajuda global tem tido frequentemente como objetivo tomar emprestado os sistemas e estilos empresariais. Isto produziu um fenómeno que Edwards analisa: o envolvimento de grandes figuras do capitalismo na filantropia, como Gates e Clinton. Edwards chama-lhe "filantrocapitalismo" e reconhece o valor de uma mentalidade de mercado no sistema de ajuda, mas vê o risco de limitar a transformação social apenas à extensão do acesso a bens e serviços "falhando quando se trata de problemas de injustiça muito mais complexos e profundamente enraizados". O filantrocapitalismo é o produto de uma era particular de mudança industrial que trouxe monopólios temporários aos sistemas". (Edwards, 2008: 24-29)

Desafios das ONGI em resultado da globalização

A globalização e os seus desafios para as ONGI tornaram-se uma questão de preocupação e um tema de debate no seio das próprias ONGI. Os gestores de topo de seis ONG "multinacionais" bem conhecidas* - reuniram-se para debater numa conferência sobre a globalização e as ONG do Norte, em setembro de 1998[5]. Os resultados deste debate estão reflectidos em "Going Global" (Kumarian Press, 2001) de Lindenberg & Bryant.

Um dos principais desafios que as ONGI enfrentam num clima de mudança é a enorme expetativa de qualidade e quantidade dos serviços que podem prestar. A principal razão para o crescimento das ONGI é o facto de os governos e o sistema das Nações Unidas não desempenharem cada vez mais estas funções diretamente, mas procurarem prestadores de serviços "subcontratados". Este facto acarreta responsabilidades e expectativas que as ONGI têm dificuldade em satisfazer.

> "... à medida que as expectativas do Estado se aproximaram do realismo, as expectativas das ONGs foram na direção oposta, muitas vezes para além da capacidade real das ONGs de responderem eficazmente a estas expectativas." (Dichter , 1999 pg 44)

Para se tornarem globais, as ONGI necessitam de um apoio financeiro sustentável. Este apoio é

---

Hungria, Irlanda, Israel, Japão, México, Países Baixos, Peru, Roménia, Eslováquia, Espanha, Reino Unido e Estados Unidos

[4] Dados de 1995

[5] CARE, Médicos Sem Fronteiras, Oxfam, PLAN, Save the Children e World Vision

cada vez mais prestado pelos governos dos países desenvolvidos.

> A filantropia privada não é praticamente a principal fonte de rendimento do sector não lucrativo... representa apenas 11%... Em contrapartida, as principais fontes... são as taxas e o apoio público... que representam quase metade" (Lester, 1999: 24)

O financiamento das ONG é normalmente assegurado pelos governos e pelas agências intergovernamentais. O crescimento da sua contribuição, analisado por Reimann, refere que o aumento do apoio às ONG por parte das agências da ONU e da UE "No final da década de 1990, as agências da ONU forneciam mais de 2 mil milhões de dólares por ano para programas de ONG. É difícil estimar o montante total de financiamento que a UE canaliza atualmente através das ONG, mas o valor pode ascender a 2-3 mil milhões de dólares. (Reimann, 2006: 49-52) Regista-se uma tendência semelhante no apoio financeiro das agências de ajuda bilateral dos Estados ocidentais.

A elevada dependência do dinheiro do governo coloca às ONGI o desafio de equilibrar os seus valores com os dos seus doadores. O Estado doador e as ONG beneficiárias têm uma medida de sucesso significativamente diferente. Enquanto para o Estado o principal índice de sucesso é a relação custo/benefício, para as ONGs os valores são a participação, o respeito e a dignidade das pessoas necessitadas, o direito a uma vida decente, etc. Uma maior dependência do dinheiro do Estado levará quase de certeza a que a relação custo/benefício seja a principal medida de sucesso de uma ONG - estragando a verdadeira natureza do sector humanitário.

> "Para as organizações baseadas em valores, o resultado final não pode ser apenas o preço unitário ou a relação custo-benefício. É medido globalmente pelo facto de o sector estar realmente a fazer a diferença e deve incluir o conhecimento dos valores e da missão desse sector." (Salm, 1999: 101)

Tal como analisado no capítulo sobre responsabilidade, as ONGI têm um eleitorado pouco claro. São cada vez mais questionadas quanto à sua capacidade de representar as pessoas pobres. "Uma investigação cuidadosa efectuada nos últimos 5 anos pôs em dúvida muitas das suposições mais queridas sobre a vantagem comparativa das ONG - a proximidade com as pessoas pobres" (Edwards, 1999: 28)

É possível identificar duas questões relacionadas com a representação dos pobres: a primeira é o "direito" das ONG's de representarem os pobres e a segunda é o nível efetivo de participação e representação.

As ONG, no seu processo tradicional de parceria com as comunidades, sentiram-se obrigadas a dar voz aos mais pobres dos pobres. As ONG têm utilizado slogans como "dar voz a quem não tem voz". Muitos especialistas em desenvolvimento e, recentemente, membros de movimentos antiglobalização, questionam o "direito" das ONG de representarem os pobres e, mais ainda, o perigo de o fazerem.

> "O Movimento Global de Justiça e Solidariedade... parte do princípio de que os oprimidos são perfeitamente capazes de se organizarem e de serem proactivos." (Hintjens, 2006: 629)

As ONGs não têm mandato para representar os pobres. Não têm um "contrato" ou "acordo" com as comunidades que declaram representar.

> "Elas (as ONG) estão a defender uma causa em nome dos pobres, mas não podem pretender ser representantes eleitos dos pobres" (Lindenberg & Bryant, 2001: 211)

Outra crítica que Bendell faz aos métodos participativos é o facto de se centrarem no nível local, quando a tomada de decisões é extra-local. (Bendell, 2006: 21)
Depois de questionar o direito e a eficácia das ONG de representarem as comunidades, passemos em revista a adequação desta representação. Muitas ONGs fazem esforços especiais para usar abordagens amplamente participativas na sua tomada de decisões "...no mundo das ONGs há um uso crescente de parcerias e participação." (Salm, 1999: 97) Nestes casos de boas práticas, os líderes comunitários são amplamente envolvidos. Será que isso significa o envolvimento total e o empoderamento dos pobres? Muitas vezes, as comunidades baseiam-se em hierarquias, sendo a falta de participação e a exclusão social dos grupos mais vulneráveis, como as mulheres, as crianças e os mais pobres, a norma. Ao reconhecer este fator, Newell sugere a necessidade de uma responsabilização "intracomunitária". Com isto, ele reconhece a necessidade de os representantes da comunidade serem responsáveis perante a sua comunidade. (Newell, 2005: 552)

A globalização afectou os desafios acima referidos? Se as ONGs têm limites de legitimidade e capacidade de representar as comunidades com as quais trabalham, isso é ainda mais verdadeiro para as ONGIs. As ONGI estão geográfica e culturalmente distantes dos pobres do Sul. Edward e Hulme consideram que existe o risco de se perder a vantagem comparativa das ONGs por não terem relações diretas com as populações afectadas, bem como a flexibilidade de experimentar através da expansão das actividades (Eade, 2000: 48)
Este facto reforça a necessidade de redobrar os esforços para envolver e capacitar as comunidades com as quais as ONG trabalham. As ONGI devem conceber um "contrato" credível com as comunidades com que trabalham: em primeiro lugar, uma representação transparente; em segundo

lugar, uma parceria e uma coparticipação em fóruns internacionais e, por último, uma "transferência" virtual na cena internacional.

> "Os conselhos de administração de organizações sem fins lucrativos (...) podem promover a aprendizagem cívica e podem ser as vias para a rica inteligência que flui do envolvimento local para o nacional na vida pública." (McCambridge, 2004: 353)

<u>O desafio de cooperar e reduzir a concorrência</u>

O número crescente de ONG aumenta a necessidade de mecanismos de cooperação. O risco que o sector enfrenta é a multiplicação de organizações com abordagens diferentes, o que acaba por reduzir consideravelmente a eficácia do conjunto.

> "A ascensão dos actores da sociedade civil... pode também conduzir a mal-entendidos mútuos, a uma concorrência destrutiva, a oportunidades perdidas de coordenação e de sinergia..." (Kalegaonkar, 2002: 236)

A globalização da economia e dos recursos produziu uma globalização da pobreza e dos factores de risco (Lindenberg & Bryant, 2001: 140). Isso exige esforços coordenados para reduzir a pobreza. "A globalização exerceu uma enorme pressão sobre as organizações no sentido de avançarem para modelos mais coordenados do que puramente descentralizados ou unitários" (Lindenberg & Bryant, 2001: 140). O conjunto dos Objectivos de Desenvolvimento do Milénio é outro esforço para coordenar o impacto e promover uma ação coordenada.

As ONGI estão a criar mecanismos de cooperação numa tentativa de coordenar as abordagens comunitárias, bem como os doadores, correndo o risco de se tornarem, por vezes, mais pesadas para orientar e menos flexíveis.

> "Se mal planeada e executada, a cooperação pode significar mais burocracia sem aumentar a eficiência" (Salm, 1999: 95)

A globalização da ajuda produziu uma série de ONGI com um perfil mundial: "Medecins Sans Frontieres (MSF), Medecins du Monde (MDM), Action Contre la Faim (ACF) e Oxfam. O aparecimento destas ONG transnacionais globalizou efetivamente a resposta humanitária." (Macrae, 2002: 15)

Devido às suas capacidades operacionais e necessidades de angariação de fundos, estas ONGI têm frequentemente os mesmos doadores e interagem com as mesmas partes interessadas. Por conseguinte, o nível de concorrência aumenta consideravelmente.

> "A concorrência entre as ONG para obter atenção, voz, proeminência, papéis e até mesmo

> locais de base para o seu trabalho, bem como contratos governamentais, tornou-se intensa" (Dichter, 1999: 55)

As ONGI competem por financiamento, atenção pública, espaço na arena internacional, parceiros fiáveis no terreno e, em alguns casos, pelas populações afectadas. Informações anedóticas revelam a existência de um "leilão de ajuda humanitária" durante o período pós-guerra do Kosovo. Diferentes agências tentaram atrair as populações afectadas para que aceitassem os seus serviços. É este o caso das catástrofes que atraem muita atenção dos meios de comunicação social. Foram retiradas conclusões semelhantes no relatório de 2007 da Coligação de Avaliação do Tsunami (TEC, 2007: 16)

> A cooperação é necessária tanto no seio das ONGI como entre elas. O risco que as ONGI "federadas" ou "de marca" correm é o de se transformarem num conglomerado de diferentes ONG com pouco em comum para além de um nome e de um logótipo. Isto deve-se ao facto de as gamas de organizações nacionais World Vision, Save the Children, Cruz Vermelha/Crescente Vermelho terem diferentes culturas de trabalho, diferentes partes interessadas e, por vezes, diferentes interesses.

**Secção 4: Conclusões**

A literatura existente reconhece o papel fundamental dos conselhos de administração na garantia da responsabilização das ONGI. Por definição, o conselho de administração é, em última análise, responsável pela organização. O conselho de administração é o guardião dos valores organizacionais e tem o papel de afirmar a visão e a missão da organização. O conselho de administração ou o órgão de direção de uma ONG é o árbitro final da adesão da ONG aos seus valores (Kilby, 2006: 954)

Um outro ponto de vista considera a questão de uma perspetiva muito mais pragmática. A confiança do público é um ativo organizacional no sector humanitário e, por conseguinte, uma responsabilidade de governação é assegurar que é salvaguardada da mesma forma que outros activos organizacionais. (Jepson, 2005: 518)

Uma coisa não exclui a outra: ao assegurar a adesão aos valores declarados da organização, o conselho de administração preserva a confiança do público.

A literatura reconhece que a responsabilidade das ONGI é complexa e multifacetada. As próprias

ONGI consideram a responsabilidade perante os "clientes", os beneficiários dos seus programas, como um requisito mínimo para garantir padrões de qualidade.

> "Somos principalmente responsáveis perante as mulheres e os homens que vivem na pobreza, mas levamos a sério a nossa responsabilidade perante todas as partes interessadas e esforçamo-nos continuamente por equilibrar as necessidades das diferentes partes interessadas." (Oxfam, 2008: 2)

Muitos estudos reconhecem que a responsabilidade perante as comunidades com que trabalham nem sempre é clara, uma vez que não é formalmente regulada por contratos.

Por outro lado, as ONG são responsáveis pelo apoio financeiro que recebem dos governos, dos doadores públicos ou de outros doadores. Alguns estudos reconhecem a diferença de valores entre as entidades financiadoras e as ONGI receptoras e a necessidade de sofisticar o sistema de planeamento e de prestação de contas para ter em conta as necessidades do doador e da ONGI.

Um dos resultados do processo de globalização é o facto de as ONGI terem um número e uma diversidade crescentes de partes interessadas, o que torna mais difícil assegurar a responsabilização. Os mecanismos necessários para o fazer estão a tornar-se mais complexos. As subestruturas das ONGI não têm os mesmos parceiros, pelo que enfrentam diferentes tipos de responsabilidade e têm de adotar sistemas diferentes para se adaptarem às suas necessidades locais.

> "... as diferentes partes de qualquer família de ONG têm de responder a diferentes partes interessadas, parceiros e pessoas... a fim de enfrentar o desafio da responsabilidade" (Lindenberg & Bryant, 2001: 215)

Por exemplo, a Oxfam opera em 70 países e adopta os seus sistemas de responsabilização de acordo com os requisitos e as necessidades de cada país. (Oxfam, 2008: 23)

Embora o estatuto de instituição de solidariedade social proporcione muitos privilégios, como a redução dos encargos fiscais, etc., cabe frequentemente às organizações decidir o nível de responsabilidade perante as partes interessadas. (Hind, 1995: 30), daí a necessidade de os conselhos de administração definirem o quadro de responsabilização da sua ONGI.
Além disso, os conselhos de administração devem certificar-se de que as organizações dispõem de mecanismos para garantir o cumprimento mensurável desse quadro.

No cumprimento destas responsabilidades, os conselhos de administração enfrentam muitos desafios devido às suas estruturas e práticas de trabalho. Normalmente, os membros dos conselhos de administração são do país de origem da ONGI, embora isso esteja a mudar ao longo dos anos.

> "Muitas organizações estão a começar a globalizar os seus conselhos de administração com cidadãos de todas as partes do mundo" (Lindenberg & Bryant, 2001: 146)

O recrutamento de membros do conselho de administração de países em desenvolvimento assegurará a diversidade no conselho de administração, mas não significa automaticamente assegurar a representação das populações afectadas no processo de tomada de decisões. De certa forma, garante a legitimidade perante as comunidades afectadas.

"A legitimidade de algumas organizações sem fins lucrativos continua a basear-se na sua representação de diferentes grupos de interesse ou de identidade na comunidade. (Abzug & Abzug & Galaskiewicz, 2001: 70)

Um outro desafio enfrentado pelos conselhos de administração é assegurar a liderança de organizações globais, incluindo a conformidade com a sua complexa responsabilidade, trabalhando simultaneamente no âmbito dos modelos funcionais existentes. Os conselhos de administração reúnem-se normalmente 4 a 6 vezes por ano e a tarefa necessária para assegurar a responsabilidade a vários níveis exige tempo e dedicação.

> "A capacidade de um conselho de administração para impor a sua responsabilidade quando se reúne apenas quatro vezes por ano não é clara." (Demb & Neubauer, 1992: 29)

Em conclusão, podemos constatar que a globalização afectou profundamente a capacidade dos conselhos de administração para assegurar a responsabilização da organização de duas formas:

- A globalização afectou a capacidade dos conselhos de administração de liderar a organização em geral. As ONGI são atualmente grandes organizações que operam muito longe do local onde se encontra o conselho de administração e as cadeias de comando nem sempre foram adaptadas às necessidades de uma organização que opera a nível mundial. Os próprios conselhos de administração não alteraram a sua composição e o seu modus operandi

- A responsabilidade das ONGI é pouco clara e volátil devido à constante mudança das parcerias. Há uma consciência crescente da necessidade de garantir a responsabilização perante os beneficiários e, por conseguinte, este tipo de responsabilização está a tornar-se uma prioridade para as ONGI. Os conselhos de administração têm de ser proactivos e liderar a definição da responsabilidade das ONGI, bem como garantir que os mecanismos para assegurar essa responsabilidade estão em vigor.

Para concluir este capítulo, gostaria de sublinhar que as considerações acima referidas são tendências gerais e que é muito importante não generalizar: claramente resumido por Gready e Ensor

> "...qualquer tentativa de generalização sobre as ONG é perigosa, num sector de tão grande diversidade, tanto a nível global como dentro das nações." (Gready & Ensor, 2005: 234)

## Capítulo 3

## Questões de investigação e metodologia:

Para investigar as questões acima referidas, foram formuladas as seguintes questões de investigação:

1) Qual é o quadro de responsabilização de uma ONGI e os diferentes níveis que o compõem?

Esta pergunta de investigação investigará a quem a organização deve prestar contas e para quê. Isto implica explorar as partes interessadas perante as quais a organização tem a obrigação, legal ou moral, de responder pelas suas decisões e acções.

Tal como se pode ver na literatura, a responsabilidade das ONGI é multifacetada. O estudo de caso explorará em pormenor a responsabilização da IFRC/RC em vários níveis. Que tipos de responsabilidade é que a organização "deve" a cada uma das partes interessadas identificadas? A organização tem diferentes relações com diferentes partes interessadas, o que leva a diferentes responsabilidades exigidas por diferentes parceiros - a responsabilidade muda consoante a relação com as partes interessadas. As relações com os doadores são normalmente reguladas por acordos legais que também definem a responsabilidade. Pelo contrário, as relações com a população-alvo não são formais, pelo que a responsabilização é normalmente definida e varia consoante a situação. Como a FICV/RC é uma organização associativa, também tem uma responsabilidade interna.

Depois de ter investigado o "quem" e o "quê", é necessário explorar o "como".

A fim de investigar o mecanismo que assegura o quadro de responsabilização de uma ONGI, coloca-se a seguinte questão de investigação:

2) Como é que a organização assegura a responsabilização e qual é o papel e os desafios enfrentados pelo conselho de administração neste processo?

Tal como indicado na análise da literatura, as ONGI adoptam diferentes tipos de abordagens para assegurar a responsabilização, em função da sua estrutura organizacional ou das partes interessadas a quem prestam contas. As organizações estabelecem sistemas formais ou menos formais, tais como relatórios periódicos, participação dos beneficiários na tomada de decisões, etc.

Uma vez que o objetivo do presente documento é analisar a capacidade dos conselhos de administração para assegurar a responsabilização das ONGI, é importante analisar o papel que os conselhos de administração desempenham na conceção e no acompanhamento do quadro de responsabilização organizacional.

Os investigadores atribuem aos conselhos de administração um papel central na conceção e no controlo do quadro de responsabilização. Este papel é importante na definição dos tipos de responsabilização, bem como no processo de controlo. A literatura consultada não descreve em pormenor o papel da governação na conceção e monitorização do quadro de responsabilização. É por isso que neste documento gostaríamos de investigar mais aprofundadamente o papel do conselho de administração na definição do espetro de responsabilização da FICV/CR. Depois de o fazermos, analisaremos os sistemas que o conselho de administração possui para garantir a responsabilização.

A análise do mecanismo de cumprimento da obrigação de prestar contas é um dos desafios identificados pelos conselhos de administração.
Isto leva-nos à terceira questão de investigação, que é a seguinte

3) Quais são alguns dos potenciais mecanismos de sobrevivência que a direção utiliza ou poderia utilizar?

A literatura consultada investiga alguns dos desafios enfrentados pelas ONGIs em resultado da globalização, mas não explora a influência que esta última tem no papel da governação.
No estudo de caso, examinaremos a influência da globalização no modus operandi do Conselho de Administração da FICV/CR. Examinaremos alguns dos mecanismos que a FICV/RC adoptou para responder a esses desafios. A Federação Internacional está entre as mais antigas organizações humanitárias mundiais. A organização e os seus dirigentes devem ter definido os mecanismos necessários para fazer face à sua realidade global e devem constituir um modelo para organizações semelhantes que, nos últimos anos, registaram um crescimento e têm um alcance quase global, como a World Vision, a Care International, a OXFAM International, etc. É por isso que considero que a análise dos mecanismos da Federação Internacional é importante para compreender as organizações globais.

Além disso, a Federação Internacional está a viver um novo fenómeno que torna o cenário ainda mais interessante. As sociedades nacionais membros operam cada vez mais a nível internacional, pelo que se estão a tornar cada vez mais organizações globais. Este facto, por si só, aumenta os desafios do Conselho de Administração da Federação Internacional para cumprir o seu papel de liderança e assegurar a responsabilidade organizacional.

A metodologia de investigação é uma análise documental dos documentos constitucionais da FICV/CR, publicações, relatórios e estudos realizados internamente pela organização ou por terceiros. Decidi não utilizar entrevistas como método de investigação. A razão é que quis evitar preconceitos e posições subjectivas, começando pela minha própria. Como membro do pessoal do Secretariado da Federação Internacional durante mais de três anos, estou muito familiarizado com a organização. Teria sido possível e até fácil entrevistar os meus colegas do Secretariado. A objetividade da seleção dos informadores-chave, bem como a formulação do questionário, estavam em risco. Preferi basear a investigação em documentos oficiais que representam uma posição alargada da Federação e examinar o assunto de um ponto de vista tão objetivo quanto possível

## Capítulo 4

## Estudo de caso

O Capítulo 4 analisará o estudo de caso da Federação Internacional das Sociedades da Cruz Vermelha e do Crescente Vermelho.

A secção 1 apresenta algumas informações de base sobre a Federação Internacional da Cruz Vermelha e do Crescente Vermelho, a sua estrutura de governação e o seu Conselho de Administração.

A secção 2 analisa o quadro de responsabilização da organização e os seus diferentes níveis.

A secção 3 analisa os níveis de responsabilidade da Federação Internacional.

A secção 4 analisa a forma como a organização assegura a responsabilização e o papel e os desafios do conselho de administração neste processo.

A secção 5 analisa alguns dos mecanismos de resposta da Federação Internacional das Sociedades da Cruz Vermelha e do Crescente Vermelho.

A secção 6 apresenta conclusões sobre o estudo de caso.

### Secção 1: Antecedentes

O Movimento Internacional da Cruz Vermelha e do Crescente Vermelho é a maior rede humanitária do mundo. O Movimento distingue-se pelos seus princípios: Humanidade, Imparcialidade, Neutralidade, Independência, Serviço Voluntário, Unidade, Universalidade e oferece assistência a pessoas afectadas por catástrofes e conflitos, bem como protege as vítimas utilizando o estatuto especial concedido pelas Convenções de Genebra.

O Movimento conta com quase 100 milhões de voluntários, apoiantes e colaboradores em 190 países e é composto por

O Comité Internacional da Cruz Vermelha (CICV)

A Federação Internacional das Sociedades da Cruz Vermelha e do Crescente Vermelho (IFRC)

Sociedades nacionais

O Movimento coopera com governos, doadores e outras organizações de ajuda para ajudar pessoas vulneráveis em todo o mundo.

#### Federação Internacional da Cruz Vermelha e do Crescente Vermelho

A Federação Internacional da Cruz Vermelha e do Crescente Vermelho foi fundada em 1919, no final da Primeira Guerra Mundial. As Sociedades tinham estado activas durante a guerra, o que levou à necessidade de uma cooperação estreita entre as Sociedades da Cruz Vermelha. Henry Davison, presidente do Comité de Guerra da Cruz Vermelha Americana, lançou a ideia de uma

Federação destas sociedades nacionais. Uma conferência médica internacional iniciada por Davison resultou no nascimento da Liga das Sociedades da Cruz Vermelha; mais tarde denominada Liga das Sociedades da Cruz Vermelha e do Crescente Vermelho e, a partir de novembro de 1991, Federação Internacional das Sociedades da Cruz Vermelha e do Crescente Vermelho.

(IFRC, 2008)

A Federação era inicialmente composta por cinco sociedades nacionais e é atualmente considerada a organização mundial por excelência. Com 190 sociedades nacionais membros, está presente em 98,4% dos países membros da ONU.

Gráfico 1 Crescimento da IFRC em anos (IFRC 2015)

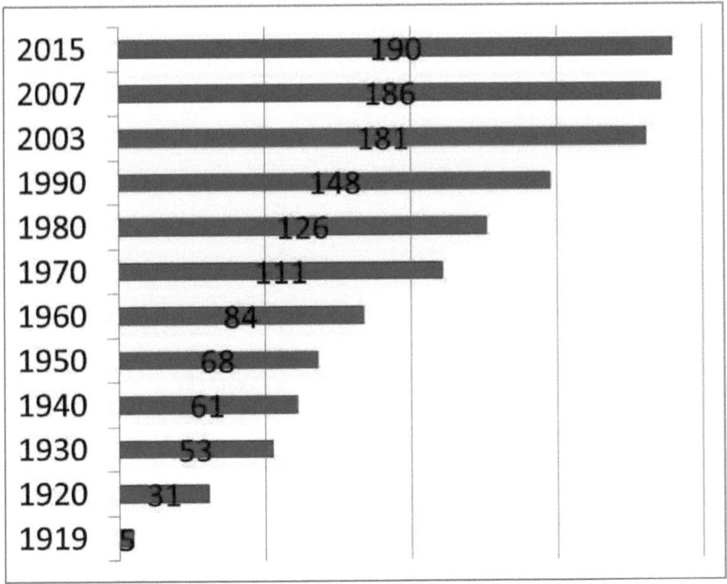


Conselho de Direção da Federação

A Federação Internacional é governada pela Assembleia Geral das sociedades nacionais, tal como estabelecido nos artigos 15 e 17 da Constituição (Constituição da FICV, 2007: 16). O Conselho de Direção é o órgão que governa a Federação Internacional entre as sessões da Assembleia Geral. (Ibid: 19) O Conselho de Administração é composto pelo Presidente, quatro Vice-Presidentes eleitos um de cada região (África, Américas, Ásia-Pacífico e Europa), o Presidente da Cruz

Vermelha Suíça ex officio, vinte sociedades nacionais que nomeiam um representante, os Presidentes da Comissão de Finanças e da Comissão da Juventude. (Ibid: 20) O Conselho de Administração reúne-se em sessão ordinária duas vezes por ano. O Presidente pode convocar o Conselho de Direção para sessões extraordinárias por sua iniciativa, a pedido da maioria dos membros ou do Secretário-Geral. (Ibid: 22)

Gráfico 2 Estrutura de governação da FICV

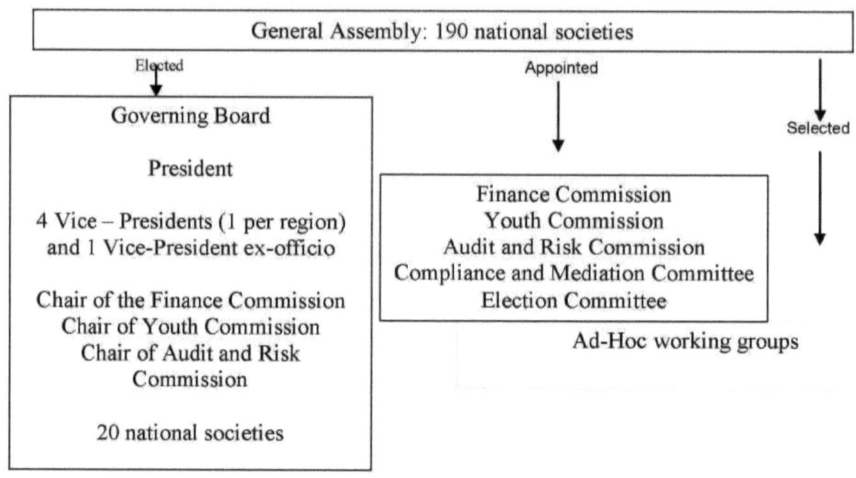


Estrutura de governação da FICV

**Secção 2: Quadro de responsabilidade da Federação Internacional**

A responsabilidade como conceito é cada vez mais utilizada nos documentos políticos e nas plataformas de elaboração de políticas da Federação Internacional, mas até à data não existe nenhum documento oficial e amplamente partilhado que defina a responsabilidade organizacional.

O documento "A Federação do Futuro" destaca a necessidade de melhorar a responsabilidade organizacional da Federação Internacional: "também nos concentraremos no reforço da responsabilidade para garantir que estamos efetivamente a satisfazer as necessidades e prioridades das pessoas vulneráveis e para mostrar aos nossos apoiantes que utilizámos os recursos de uma forma transparente e eficiente. Além disso, melhoraremos a prestação de contas para nós mesmos, com base em relações equitativas e integridade, responsabilidades compartilhadas e respeito mútuo entre todos os membros" (Federação do Futuro, 2005: 10)

Em 2011, a FICV encarregou a One World Trust de rever a responsabilidade organizacional e propor um quadro.

Em 2012, o Conselho Diretivo aprovou a revisão, mas não elaborou um documento de orientação sobre a mesma.

A análise apresenta a seguinte definição de responsabilidade:

> "Um processo contínuo que cria relações de respeito entre uma organização e as pessoas afectadas pelo seu trabalho. Ao ser responsável, cumpre-se o compromisso de permitir e facilitar que as partes interessadas avaliem as suas acções em relação aos compromissos e expectativas definidos e respondam à avaliação de forma adequada." (IFRC, 2014: 4)

A definição fornece diferentes elementos que moldam o futuro quadro de responsabilização da organização.

- " Capacitar as partes interessadas: Seguindo esta definição de responsabilidade, a FICV fornece as informações e oportunidades necessárias para que as partes interessadas a responsabilizem.
- Avaliar as acções de uma pessoa em função de expectativas definidas: a avaliação da FICV - por si própria mas também pelas partes interessadas - em função de padrões, normas ou expectativas pré-estabelecidos.
- Responder à avaliação de forma adequada: para que a avaliação seja significativa, as conclusões das avaliações devem ser respondidas pela FICV, quer fazendo as alterações recomendadas pela avaliação, quer justificando por que razão não devem ser feitas alterações." (IFRC, 2014: 4)

O quadro deve ser completado, publicado como declaração política e deve ser amplamente divulgado entre as partes interessadas e os parceiros.

Uma vez que não existe uma definição política de responsabilidade, a governação da Federação Internacional deve colmatar esta lacuna e indicar claramente os diferentes níveis de responsabilidade na organização. O Conselho Diretivo deve desempenhar o papel principal neste processo. A necessidade de o Conselho de Administração definir a responsabilidade é uma das conclusões do relatório do IMD "Desempenho do Conselho de Administração, Responsabilidade, Avaliação e o Impacto das Decisões do Conselho de Administração". O relatório foi encomendado pelo Conselho de Administração em 2013 e é um sinal de compromisso do Conselho de Administração para definir a responsabilidade na FRC e também assumir um papel ativo na sua implementação

**A falta de uma definição de política amplamente aceite e partilhada na organização torna difícil para a Governação (a) assegurar o cumprimento por parte dos membros e (b) assegurar o cumprimento por parte da direção.**

Vamos tentar identificar um quadro de responsabilidade para a Federação Internacional e, em seguida, analisar o papel do Conselho Diretivo na garantia do seu cumprimento.

Um quadro político de responsabilização da FICV/CR deve incluir:

- Que tipo de responsabilidades tem a organização?
- A quem é que a organização é responsável?
- Como é que a organização assegura a responsabilização?

Além disso, a FICV/CR deve definir os diferentes tipos de responsabilidade no seio da organização: a) responsabilidade global da FICV/CR, b) responsabilidade do Secretariado, c) responsabilidade dos Estados membros

- Que tipo de responsabilidades tem a organização?

Como exploraremos mais adiante, a responsabilidade da Federação Internacional é expressa de diferentes formas e em diferentes níveis. Vamos rever as formas de responsabilidade organizacional

Gráfico 3 Formulários de prestação de contas da FICV

1- Responsabilidade jurídica

A Federação Internacional das Sociedades da Cruz Vermelha e do Crescente Vermelho é uma organização associativa com os direitos e obrigações de uma pessoa colectiva com personalidade jurídica. (Constituição da FICV/CR, 2007: 5)

Consequentemente, a Federação Internacional e cada Sociedade membro individual, como organizações separadas estabelecidas por lei, são, por direito próprio, legalmente responsáveis por: todos os compromissos difíceis a que cada organização se compromete sob o seu nome (responsabilidades contratuais), assegurando a conformidade com as leis aplicáveis (responsabilidades de conformidade), e qualquer dano causado a um terceiro (responsabilidades de responsabilidade civil) por cada uma das organizações.

Além disso, a "personalidade jurídica externa da organização é regida por acordos de estatuto celebrados entre a organização e os governos do país de acolhimento". (Tufts, 2004: 8)

2- Normas de qualidade do programa

A FICV/CR está a dedicar cada vez mais tempo e recursos à qualidade dos programas e às normas de medição também exigidas pelas sociedades nacionais membros nas operações. Esta é uma nova tendência e precisará de tempo para se transformar num quadro de qualidade a nível da Federação Internacional.

A organização reconhece que "o panorama do desenvolvimento está em constante mudança, acompanhado pelos desafios crescentes da responsabilidade, do desempenho, das normas de qualidade e da aprendizagem" (FICV, 2002:1)

A organização sente-se responsável pela execução de programas de qualidade, definidos por normas, políticas e procedimentos do programa, ou seja, políticas e estratégias da Cruz Vermelha e do Crescente Vermelho; outros tipos de normas de qualidade (SPHERE, HAPI), gestão de projectos (conceção, monitorização e avaliação), compromisso com a transparência e uma comunicação genuína nos dois sentidos com as partes interessadas. Tal como consta dos Estatutos da Federação, a organização "coordena e dirige as acções internacionais de socorro de acordo com os "Princípios e Regras da Cruz Vermelha e do Crescente Vermelho para a Assistência a Catástrofes" (FICV, 2007: 3)

3- Transparência e responsabilidade em termos de reputação

Os membros têm a responsabilidade colectiva de assegurar que a Federação Internacional e o Movimento mantenham uma boa reputação e imagem perante o público em geral, os meios de comunicação social e outros. As sociedades nacionais da Cruz Vermelha e do Crescente Vermelho utilizam os mesmos emblemas e, por conseguinte, a falta de transparência ou as insuficiências de reputação de uma organização numa parte do mundo influenciam negativamente todo o Movimento.

> "O público em geral vê a Cruz Vermelha e o Crescente Vermelho como uma única rede humanitária. ...O Movimento procura projetar uma imagem coerente ...." (Movimento CR/CR, 2005: 24)

É por isso que todos os componentes do Movimento são responsáveis uns pelos outros. O risco enfrentado pelo Movimento é uma imagem negativa. A imagem negativa afectará todas as partes interessadas do Movimento, mesmo que a fonte da imagem negativa (por exemplo, mau desempenho) seja uma componente pequena e distante da organização.

**Secção 3: <u>A quem é que a organização é responsável?</u>**

<u>Gráfico 4 Níveis de responsabilização na FICV</u>

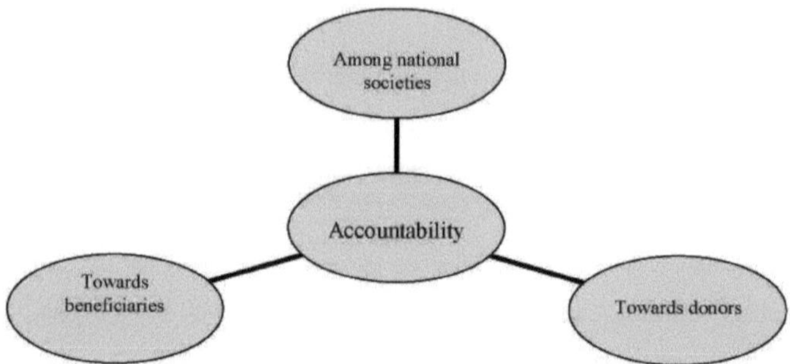


1- Responsabilidade entre os membros da Federação

A base para esta responsabilidade é a constituição da Federação. O que está expresso nos estatutos é a responsabilidade "dura" que todas as sociedades nacionais assumem quando se tornam membros da Federação Internacional.

> "As Sociedades Nacionais concordam em seguir as regras estabelecidas nesta Constituição, bem como em aplicar as decisões adoptadas pela Assembleia Geral e pelo Conselho de Administração" (FICV, 2007: 6)

O Movimento utiliza a mesma marca que é a Cruz Vermelha ou o Crescente Vermelho e isso implica que a integridade de cada membro do movimento se reflicta nos restantes. É por isso que a Federação aprovou uma política na Assembleia Geral de 2005 que define a integridade das sociedades nacionais e definiu medidas em caso de violação da mesma. A política de integridade, na sua definição de integridade, inclui a "integridade operacional da Sociedade Nacional/Federação relacionada com a forma como uma Sociedade Nacional/Federação realiza as suas actividades tanto a nível nacional como internacional". (Política de Integridade IFRC, 2005: 2) A constituição revista da Federação inclui mecanismos concretos para assegurar a implementação da política de integridade da Federação. Além disso, a Constituição da FICV estabeleceu um mecanismo para assegurar a conformidade entre os membros e os organismos da FICV, que é o Comité de Conformidade e Mediação (CMC)

> "Qualquer incumprimento das políticas ou dos deveres ... será considerado uma violação da integridade e será remetido para o Comité de Conformidade e Mediação" (Constituição IFRC, 2007:14)

A responsabilidade também pode ser vista como a garantia de que todos os membros cumprem um mínimo de normas profissionais no que fazem, especialmente a nível internacional, mas também a nível nacional.

A Federação corre sérios riscos de reputação se os membros não se responsabilizarem mutuamente. A introdução do CMC como um mecanismo de responsabilização entre os membros é um importante passo em frente, mas a organização ainda tem um longo caminho a percorrer para ter os membros comprometidos com ele.

> ".enquanto os membros individuais estão a exigir uma maior responsabilidade e transparência da governação, há por vezes uma relutância das Sociedades Nacionais em comprometer a sua autonomia individual, cumprindo plenamente os seus deveres e obrigações como membros." (Edição interna IFRC, 2005: 4)

A Federação Internacional assiste anualmente cerca de 30 milhões de pessoas através dos seus programas de resposta sob a coordenação e liderança do Secretariado; vítimas de catástrofes naturais e provocadas pelo homem, refugiados e deslocados e pessoas atingidas por problemas socioeconómicos. "A FICV propõe um orçamento de mil milhões de francos suíços para 2016-2017". (FICV, 2015) Este orçamento refere-se aos projectos coordenados pela FICV e é relativamente pequeno em comparação com as pessoas abrangidas pelas sociedades nacionais membros, se consultarmos o relatório "Everyone Counts - progress 2015": "110 milhões de pessoas beneficiaram de serviços de resposta a catástrofes e de recuperação rápida. Mais 160,7 milhões de pessoas beneficiaram dos vossos serviços e programas de desenvolvimento a longo prazo, e recolheram e geriram doações de sangue de 20,8 milhões de pessoas." (IFRC, 2015) De acordo com o mesmo relatório, o rendimento global dos membros da IFRC e do Secretariado em 2013 foi de 30,8 mil milhões de francos suíços. O principal volume de trabalho é implementado pelas sociedades nacionais no seu próprio território e está sob o seu controlo interno.

Desde os anos noventa, tem-se verificado um aumento do número de sociedades nacionais, membros da Federação, que implementam programas fora das suas fronteiras nacionais e criam parcerias diretas com sociedades nacionais em situação de necessidade. Assim, de certa forma, os membros estão também a tornar-se globais.

> "A FICV está a debater-se com um conjunto de problemas genéricos. Estes incluem ... encontrar um equilíbrio viável entre o federalismo do passado e as acções bilaterais e unilaterais cada vez mais conscientes do perfil dos seus membros." (Tufts University, 2004: 2)

Por isso, a Federação enfrenta problemas de cooperação entre os membros e o Secretariado. Na Cruz Vermelha/Crescente Vermelho, a cooperação não é apenas uma questão de eficácia, mas também de qualidade das relações entre os membros. Como diz o antigo Secretário-Geral da Federação, Markku Niskala, "A cooperação é ... um compromisso com relações equitativas e efectivas que reforçam a capacidade dos membros da Federação para prestar melhores serviços aos vulneráveis." (IFRC, 2007: 2)

A ação global da Federação Internacional é a soma de quatro tipos diferentes de abordagens:

a) As actividades das sociedades nacionais individuais implementadas no seu país, a fim de cumprir o seu mandato.

Se a sociedade nacional do país não estiver em condições de responder às necessidades da população no seu próprio país, é possível recorrer à FICV e às sociedades homólogas para aumentar a capacidade de resposta,

b) A ação multilateral realizada, monitorizada e reportada pelo Secretariado da Federação, as sociedades nacionais doadoras canalizam o seu apoio através das estruturas operacionais do Secretariado da Federação,

c) A ação bilateral de uma sociedade nacional doadora, conhecida como sociedade nacional participante (SPP), a pedido da sociedade nacional de acolhimento ou também conhecida como sociedade nacional operativa (SNO), num determinado país e, por último,

d) menos utilizada e mais controversa é a intervenção unilateral de uma sociedade nacional doadora num país que não o seu. Esta prática está em clara contradição com um dos princípios reconhecidos da Cruz Vermelha e do Crescente Vermelho que é o princípio da Unidade, "Só pode haver uma Cruz Vermelha ou uma Sociedade do Crescente Vermelho num país..." (FICV, 2008). A fim de regular a assistência internacional da RCRC, a Assembleia Geral da FICV de 2013 adoptou os "Princípios e Regras da Cruz Vermelha e do Crescente Vermelho para a Assistência em Catástrofes" revistos. Esses princípios e regras foram aprovados pela Conferência Internacional da Cruz Vermelha e do Crescente Vermelho em 2015. Estabelecem que "toda a assistência internacional prestada por uma Sociedade Nacional ou pela Federação Internacional é feita com o consentimento da Sociedade Nacional do país afetado pela catástrofe". (IFRC, 2013:3)

Uma espécie de híbrido da abordagem multilateral e bilateral nas chamadas Alianças Operacionais ou Globais foi lançado em 2006 com um apelo de 300 milhões de dólares para combater o VIH/SIDA na África Austral, a região mais afetada do mundo. O objetivo era prestar cuidados a 250.000 pessoas que vivem com o VIH e apoiar 460.000 crianças vulneráveis e órfãs. (FICV, 2008) As Alianças Globais sobre o VIH/SIDA e a Redução do Risco de Catástrofes e as Alianças Operacionais visavam reforçar a responsabilidade mútua dos parceiros. O secretariado e as sociedades nacionais membros desenvolveram alguns padrões de qualidade designados por "sete"

Os parceiros nas Alianças Globais e Operacionais concordam em seguir os mesmos princípios dos "Sete Uns" para harmonizar e alinhar programas e sistemas:

- Um conjunto de análise das necessidades
- Um conjunto de objectivos e estratégias
- Um plano de programa
- Um entendimento partilhado da divisão do trabalho entre as entidades do Movimento da Cruz Vermelha e do Crescente Vermelho
- Um quadro de financiamento baseado em resultados no qual podem coexistir canais de financiamento multi e bilaterais
- Um sistema de controlo do desempenho
- Um quadro de responsabilização, apresentação de relatórios e sensibilização" (IFRC 2008: 8)

Os sistemas de cooperação estabelecidos, como as alianças operacionais entre o Secretariado e as sociedades nacionais, proporcionam um quadro para que os parceiros se responsabilizem mutuamente no âmbito de um programa de cooperação específico. Estas parcerias operacionais são também alargadas a parceiros externos e reguladas pelos "Princípios e Regras da Cruz Vermelha e do Crescente Vermelho para a Assistência a Catástrofes": "Procuramos estabelecer parcerias

operacionais com actores externos, em conformidade com os nossos Princípios Fundamentais, para aumentar ainda mais o alcance, a escala e a eficácia operacionais." (IFRC 2008: 3)
A FICV dispõe igualmente de um conjunto de mecanismos destinados a aumentar a responsabilização dos membros: Estratégia de Acordo de Cooperação (CAS) implementada em cerca de 20 países. Este processo tem por objetivo incluir as sociedades nacionais parceiras, bem como as operações do Secretariado, no âmbito da estratégia da Sociedade Nacional de acolhimento. A EAC é também um processo básico para chegar a acordo sobre normas comuns a nível nacional. (IFRC, 2007)
Existem várias iniciativas de sociedades nacionais membros com o objetivo de aumentar o apoio mútuo e a responsabilidade. Uma delas é a Nova Parceria para as Sociedades Africanas da Cruz Vermelha e do Crescente Vermelho (NEPARC). O objetivo é "Apoiar, orientar, aconselhar e facilitar as Sociedades Nacionais Africanas membros a assumirem a responsabilidade pelo seu próprio desenvolvimento, a respeitarem os mais elevados padrões de boa governação e gestão e a serem responsáveis e transparentes" (Fritz Institute web, 2008). O NEPARC foi iniciado por 15 sociedades nacionais e está aberto a todas as sociedades nacionais africanas.
Outros mecanismos em processo de desenvolvimento são o código de boa parceria, avaliações pelos pares, etc. A Federação tem um papel importante a desempenhar como facilitadora destes mecanismos e na expansão desta tendência. O CAS e o NEPARC envolvem apenas 19% das sociedades nacionais.

A prestação de contas entre as sociedades nacionais membros é complexa e é o tipo de prestação de contas menos definido dentro da Federação Internacional. A sua complexidade deriva da natureza da organização; uma Federação de 190 organizações independentes. A responsabilidade entre os membros é regulada pelos estatutos, bem como por diferentes mecanismos criados e analisados acima e incluídos num gráfico para simplificar.

Em conclusão, pode dizer-se que a Federação Internacional valoriza a responsabilidade mútua entre os membros e está a tentar desenvolver mecanismos adequados para a reforçar. Os mecanismos atualmente em vigor ou são novos e, por conseguinte, ainda não foram testados e avaliados, como as Alianças Operacionais e Globais, ou envolvem apenas uma pequena parte dos membros, como o CAS e o NEPARC.
*Os "Princípios e Regras para a Assistência a Catástrofes da Cruz Vermelha e do Crescente Vermelho"* revistos definem os princípios:

> "Asseguramos que a nossa assistência é bem coordenada entre nós e com os intervenientes externos relevantes.

Asseguramos que a nossa assistência é adequada, eficiente, eficaz e responsável..." (IFRC, 2013: 10)

A responsabilidade mútua entre os membros não é reforçada por um quadro político desenvolvido pelo Conselho de Direção. Este quadro político tornaria operacional a Constituição e legitimaria e reforçaria os esforços e sistemas da direção.

Gráfico 5: Mecanismos de responsabilização na FICV

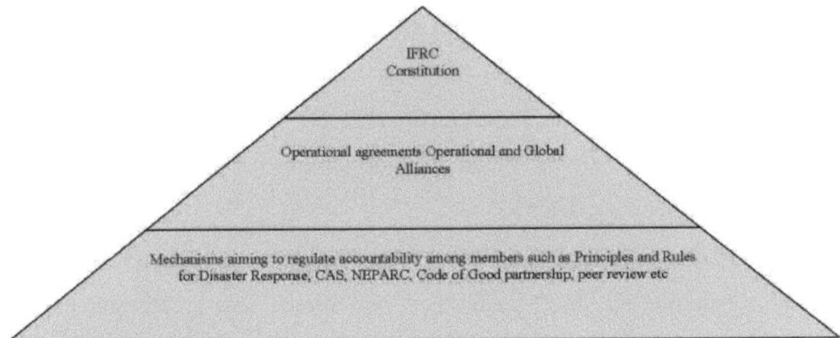


2- Responsabilidade perante os beneficiários

É importante estar consciente do facto de que a participação dos beneficiários na atividade humanitária é cada vez mais importante. Nos últimos anos, é aceite que "a qualidade é determinada pela medida em que os beneficiários são os principais intervenientes nestes processos de análise, resposta e avaliação". (Keystone, 2006: 6)

A Federação reconhece e valoriza o envolvimento dos beneficiários na sua ação. A Visão da Federação define muito claramente que a organização "luta... por um mundo de comunidades capacitadas" (FICV, 2005: 7). Há muitos exemplos muito bons de participação dos beneficiários nos projectos da Federação. Muitos projectos baseados na comunidade, como os Primeiros Socorros Baseados na Comunidade ou a Redução de Riscos Baseada na Comunidade, são cada vez mais a tendência da organização. Infelizmente, "não existem mecanismos formais para dar voz e participação aos grupos vulneráveis na governação e gestão da Federação". (Questão interna IFRC, 2005: 5)

A Federação tem um longo caminho a percorrer para além das boas iniciativas longe da norma e do reconhecimento do valor da parceria com as comunidades. A Assembleia Geral da FICV 2013 discutiu o assunto no workshop "Comunicação com os Beneficiários: Promover o envolvimento ativo e uma participação mais ampla das comunidades nas nossas operações e programas". As discussões entre os membros não evoluíram para uma política desenvolvida pelo Conselho Diretivo.

Nos últimos anos, a atenção tem-se centrado cada vez mais na forma como as organizações da sociedade civil e as organizações humanitárias são responsáveis perante as pessoas que servem ou visam e outras partes interessadas envolvidas.

Na "Federação do Futuro" é sublinhado que os grupos vulneráveis devem ser capazes de responsabilizar a Federação pela satisfação das suas necessidades e prioridades, e os apoiantes devem ser capazes de responsabilizar a Federação pela forma como utiliza os nossos recursos. (Federação do Futuro, 2005: 10) A Federação desenvolveu mecanismos para assegurar a responsabilidade perante os beneficiários?

O relatório do CET em que a FICV foi um dos principais parceiros [uma avaliação das operações relacionadas com o tsunami na Ásia] reconhece que foram feitos esforços para envolver os beneficiários nas avaliações, mas conclui que

> "enormes quantidades de financiamento encorajaram uma obsessão virtual com a responsabilidade "ascendente" perante os doadores, os media e o público nos países doadores. Isto desencorajou a prestação de contas às populações afectadas por catástrofes ..." (TEC, 2007: 11)

Conclusões semelhantes no relatório "Capturing Learning from Movement Coordination Framework" Pat Laberge, Coordenador do Movimento da Federação no Sri Lanka, observa que "... o envolvimento formalizado dos beneficiários não está em vigor" (Laberge, 2006: 44)

Na primeira metade de 2009, a FICV embarcou numa Revisão pelos Pares organizada pelo Comité Diretivo para a Resposta Humanitária (SCHR) sobre "Responsabilidade para com as Populações Afectadas por Desastres". As conclusões do relatório reflectem as conclusões das 9 organizações internacionais que participaram no mesmo.

> "A revisão pelos pares revelou progressivamente o entendimento de que a responsabilidade para com as populações afectadas por catástrofes tem a ver com abordagens de trabalho e não com um menu de "responsabilidade actividades". A responsabilização é mais um processo do que um estado final". (SCHR, 2010: 2)

3- Responsabilidade dos doadores

O sistema de responsabilização da FICV perante a comunidade de doadores está bem desenvolvido.

A FICV chega geralmente a acordo sobre os formatos dos relatórios antes da assinatura dos acordos com cada doador específico. A organização tenta promover um formato de relatório normalizado para facilitar a preparação dos relatórios. De acordo com Stephen Ingles, antigo Diretor dos Serviços de Apoio do Secretariado, a FICV/CIC deve continuar a envidar todos os esforços para "melhorar os relatórios sobre os programas, de modo a que estes sejam elaborados em função dos objectivos definidos para os programas" (Anexo 3: 4). O Sr. Ingles reconhece a necessidade de a FICV/CR publicar sistematicamente no sítio Web público os relatórios e as avaliações efectuados pela Federação.

**Secção 3: Como é que a organização assegura a responsabilização?**

O documento sobre Questões Internas reconhece "... o aumento das expectativas em relação à governação para salvaguardar a integridade da organização e assegurar a responsabilidade e a transparência em todas as acções da Cruz Vermelha e do Crescente Vermelho" (Questão interna FICV, 2005: 4)

Tal como se concluiu na análise da literatura, os conselhos de administração lideram através da definição de políticas e estratégias, bem como do controlo da sua aplicação.
A Assembleia Geral e o Conselho Diretivo são as plataformas de definição de políticas e estratégias da Federação.
A Federação Internacional, nas suas Diretrizes de Governação, dá a definição de Políticas: "As

> políticas definem os limites para a conduta da organização e do pessoal - funcionários e voluntários. Fornecem diretrizes para a ação na realização da missão". (Diretrizes de Governação IFRC, 2000: 20)

Para a Federação Internacional da Cruz Vermelha e do Crescente Vermelho, a definição de políticas e o controlo do seu processo de implementação mudaram nos últimos anos.
Atualmente, a FICV/RC tem 23 políticas em vigor aprovadas entre 1997 e hoje. Destas, 2/3 são aprovadas pela Assembleia Geral e um terço pelo Conselho de Administração. Até 2002, a Assembleia Geral era o principal órgão de definição e revisão das políticas. A partir de 2002, com exceção da "Política de proteção da integridade", todas as políticas foram aprovadas pelo Conselho de Administração. (IFRC web, 2008)
Esta mudança de papéis reforçou a autoridade do Conselho de Administração, que assumiu a função de adoção de políticas . O outro efeito foi uma grande flexibilidade na adoção e revisão de políticas, também porque o Conselho de Administração se reúne pelo menos duas vezes por ano, enquanto a

Assembleia Geral se reúne de dois em dois anos.

Ao avaliar esta mudança na tomada de decisões no âmbito da governação da FICV/CR, há que ter em conta as suas potenciais lacunas. Do lado negativo, o processo de conceção e aplicação das políticas envolve muito menos sociedades nacionais - há 20 membros no conselho de administração, enquanto na Assembleia Geral estão presentes todas as 190 sociedades nacionais membros. Uma fraca apropriação pode levar a uma fraca implementação de tais políticas.

A flexibilidade da tomada de decisões resultante do aumento da autoridade do Conselho Diretivo não reforçou a definição de políticas e o acompanhamento da organização.

A revisão intercalar da Estratégia 2010 identificou um dos pontos fracos na definição de políticas e estratégias:

> "O Conselho de Administração pareceu fraco e não se concentrou nas suas deliberações sobre políticas e estratégias fundamentais" (revisão intercalar da FICV, 2005: 26)

Ao mesmo tempo, como observado por Sandison na sua Auditoria de Políticas relacionadas com Catástrofes da FICV, "Não há nenhum mecanismo de revisão formal atualmente em vigor: as políticas não têm data de validade ou processo sistemático de renovação ou substituição." (Sandison, 2007: 2)

Existem duas grandes dificuldades na elaboração de políticas relevantes na Federação

1. A diversidade dos membros
2. O processo que conduz à elaboração e aprovação de políticas.

Em 2013, a Assembleia Geral, sob proposta do Conselho de Administração, aprovou o "Quadro de Políticas" da FICV. O documento, aprovado por todas as sociedades nacionais membros da FICV, compromete-as a cumpri-lo.

> "O público-alvo do Quadro de Políticas da Federação Internacional das Sociedades da Cruz Vermelha e do Crescente Vermelho (FICV) são todas as Sociedades Nacionais membros e a própria FICV." (IFRC, 2013)

O documento do Quadro de Políticas incluiu pela primeira vez a definição de "Política" e "Estratégia" para a FICV. Além disso, o documento incluía os critérios da Política e o processo de governação no ciclo de vida da política, que inclui a elaboração, adoção, análise e revisão, coerência e encerramento. (IFRC, 2013) O Quadro de Políticas abriu o caminho para a adesão à política entre os membros.

Para tomar decisões relevantes, a "liderança de qualquer organização tem de compreender a paisagem em que a instituição se insere, orientar-se para definir o rumo certo a seguir e manter os esforços no caminho certo. Todas estas tarefas são complicadas por uma mudança fundamental na paisagem". (Offenheiser & Holcombe, 2003: 295)

O Conselho Diretivo dispõe agora de um instrumento para aumentar a sua eficácia na definição de políticas e estratégias. Este instrumento ainda não está totalmente operacional, pelo que a sua eficiência deverá ser revista nos próximos anos.

Implementação da política e monitorização do desempenho O outro papel importante do Conselho Diretivo é a monitorização da adesão à política e da implementação da estratégia, bem como a monitorização do desempenho da organização.

O Conselho de Direção emite políticas que procuram a sua adesão a nível da Federação. Isto significa que as políticas devem ser respeitadas pelo Secretariado da Federação nas suas operações internacionais e pelas sociedades nacionais nas suas actividades nacionais e internacionais. É este o caso?

A adesão às políticas do Secretariado da Federação parece ser a mais fácil. O Secretariado está sob a supervisão direta do Secretário-Geral e, por defeito, tem uma responsabilidade direta perante o Conselho de Administração. Infelizmente, nem sempre é esse o caso.

> "Atualmente, a adesão das operações é insuficiente; a política não é considerada suficientemente relevante e, por conseguinte, não é considerada prioritária .... A estrutura do Secretariado aprofunda a divisão entre a política e as operações" (Sandison, 2007: 4)

Por outro lado, a Federação Internacional é uma federação de organizações independentes. O Conselho de Direção não tem meios para impor a adesão a essas políticas. As sociedades nacionais concordaram em aderir à Federação Internacional, mas não estão certamente satisfeitas em ceder a sua independência organizacional. O resultado disso é

> ".uma falta de clareza sobre os limites da autoridade da governação da Federação e a autonomia individual de ação das sociedades nacionais e os seus direitos e responsabilidades como membros de uma Federação." (Questão interna IFRC, 2005: 2)

O Conselho de Administração, através do trabalho do Secretariado, promove a adesão às diferentes políticas, numa tentativa de encorajar as sociedades nacionais a cumpri-las. Isso nem sempre é simples! É eficaz com as sociedades nacionais que recebem apoio do Secretariado através dos apelos lançados. Todos os programas apoiados pelos apelos devem estar em conformidade com as políticas da Federação e com a Estratégia 2020.

O mesmo não acontece com as sociedades nacionais que são financeiramente independentes e utilizam abordagens operacionais e de desenvolvimento diferentes do seu Secretariado. Nos últimos tempos, com o aumento das operações bilaterais, o número de programas que não estão em conformidade com as políticas da Federação aumentou ou, pelo menos, os meios do Conselho de Administração para os controlar diminuíram.

O quadro político define também o mecanismo de controlo do cumprimento das políticas da FICV, bem como o processo de tratamento da não adesão por parte das sociedades nacionais.

O principal incentivo para as sociedades nacionais implementarem uma política é a relevância que esta tem para elas.

> "Algumas políticas são consideradas demasiado operacionais, centrando-se no modus operandii em vez de fornecerem uma direção estratégica. Cada política incita o utilizador a cumprir o seu próprio conjunto de diretivas sem considerar se são relevantes ou viáveis. Outras são demasiado vagas, não comunicam a visão e, por conseguinte, requerem outro documento para as apoiar. Sandison, 2007: 6)

Isso não significa que todas as decisões políticas da Federação não sejam relevantes para as sociedades nacionais. Em sua Auditoria de Políticas, Sandison reconhece que muitas sociedades nacionais, especialmente entre os ONSs, dependem muito das Políticas de toda a Federação para orientar sua ação nacional. Devido às grandes expectativas em relação às políticas de toda a Federação, as sociedades nacionais esperam que elas sejam mais relevantes e mais bem informadas pelas realidades no terreno. "Coletivamente, a expetativa de todas as políticas juntas é potencialmente esmagadora e até contraditória." (Sandison, 2007: 6)

A aplicação das políticas pelas sociedades nacionais é posta em causa pela tendência bilateral dos últimos anos.

> "As delegações bilaterais permanentes parecem ir contra o princípio da Unidade e contra uma série de resoluções da AG da FICV. A questão é simultaneamente de princípio e de política e, por isso, estamos certos de que suscitará muito debate!" (Tufts University, 2004: 11)

Esta abordagem põe em causa a responsabilidade mútua das sociedades nacionais membros entre si e com a direção do Conselho de Administração.

O Quadro de Políticas é um passo importante na direção de completar o quadro de responsabilidade da FICV. A forma como o Conselho Diretivo vai usar o Quadro de Políticas para assegurar a adesão de toda a Federação às políticas precisa de ser avaliada, uma vez que ainda é muito cedo desde que a ferramenta foi posta em prática.

A tarefa do Conselho Diretivo da Federação Internacional é difícil, tendo em conta a cobertura mundial da organização. O nível de informação e de análise necessário é considerável. Como é que o Conselho Diretivo recebe esta informação?

De acordo com os Estatutos da Federação Internacional em vigor até novembro de 2007, as sociedades nacionais comprometeram-se a enviar relatórios anuais de atividade ao seu Secretariado para informação e análise. Os Estatutos não especificavam qualquer formato específico para este relatório e nem sequer especificavam que o relatório deveria ser redigido numa das línguas de trabalho da Federação (árabe, inglês, francês e espanhol). É por isso que, na maioria dos casos, os relatórios eram impossíveis de utilizar para informação ou análise. Devido à falta de informações a nível da Federação, o Conselho de Administração foi obrigado a confiar nas informações fornecidas pelas estruturas do secretariado. Esta informação não é completa, uma vez que inclui apenas os programas coordenados pela Federação e os países onde o Secretariado está presente. Por conseguinte, o processo de tomada de decisões da Federação tem a desvantagem de se basear em informações incompletas.
Desde
O estudo da Tufts University reconhece que o Secretariado da Federação tem uma relação limitada com mais de 70 sociedades nacionais que não são nem dadoras nem receptoras (Tufts University, 2004: 39). Os seus contactos limitam-se frequentemente à participação destas sociedades nacionais na Assembleia Geral, uma vez de dois em dois anos. Este facto torna difícil para o Secretariado fornecer as informações necessárias sobre essas sociedades nacionais para que o Conselho de Administração possa tomar decisões relevantes.

A anomalia foi diagnosticada por vários estudos, como o estudo da Universidade de Tufts, a revisão intercalar da Estratégia 2010 e o processo "Federação do Futuro". Para a resolver, a revisão dos Estatutos da Federação Internacional, aprovada pela Assembleia Geral e em vigor desde novembro de 2007, melhorou consideravelmente este aspeto.

> "As sociedades nacionais concordam em contribuir para os sistemas de informação e de gestão do desempenho da Federação Internacional, uma vez que tal sistema tenha sido adotado pela Assembleia Geral, e em fornecer à Federação Internacional relatórios anuais e demonstrações financeiras auditadas" (Constituição da FICV, 2007: 6)

Com base na nova disposição constitucional, o departamento de Planeamento, Monitorização, Avaliação e Relatórios do Secretariado está a trabalhar num sistema de relatórios a nível da Federação e pretende desenvolvê-lo antes da Assembleia Geral de 2009.
O relatório a nível da Federação foi elaborado pela primeira vez com dados de 2013. Inclui dados sobre todos os indicadores de 149 sociedades nacionais. A produção de um relatório a nível da Federação é uma conquista importante, uma vez que era uma peça que faltava no puzzle da responsabilidade da FICV. Resta saber como é que o sistema de relatórios a nível da Federação irá influenciar a tomada de decisões no Conselho de Administração e se a responsabilização mútua entre os membros da FICV irá aumentar como resultado do relatório.

Um sistema de informação a nível da Federação não é a única ferramenta necessária. O Conselho Diretivo não dispõe de informação sobre as necessidades globais da população que a organização serve. Sem uma visão global das necessidades, dos recursos e das possibilidades da organização, é muito difícil dar orientações estratégicas.

> "A globalização obrigou os dirigentes das OSC a explicar as novas circunstâncias em que operam e a conceber uma nova estratégia para avançar." (Offenheiser & Holcombe, 2003: 295)

Embora existam indícios de mecanismos de tomada de decisão fracos na Federação Internacional, há exemplos concretos de exercícios de planeamento estratégico bem sucedidos. O mais recente foi a Estratégia 2020 da Federação Internacional. Como reconhece a revisão intercalar da Estratégia 2020:

> "A Estratégia 2020 é vista pela maioria das Sociedades Nacionais como sendo altamente relevante, motivadora e até inspiradora. Mantém-se atual, tendo antecipado bem as tendências e os desafios globais. Houve um apoio moderadamente forte à afirmação 'A Estratégia 2020 é tão relevante hoje como quando foi acordada em 2009'..." (Revisão intercalar IFRC, 2015: 5)

O que é que fez da Estratégia 2020 uma estratégia orientadora de sucesso para a Federação Internacional, apesar da dificuldade organizacional de produzir decisões globais relevantes?
O exercício de planeamento da estratégia começou com uma revisão exaustiva da Estratégia 2010. Além disso, 175 sociedades nacionais foram envolvidas no processo de consulta.

Uma ampla análise dos desafios de toda a Federação, uma reflexão ponderada sobre as tendências humanitárias em que a organização estava a operar e uma ampla participação das sociedades nacionais fizeram da Estratégia 2020 uma estratégia organizacional relevante. É importante reconhecer que, devido às caraterísticas da Federação Internacional, os factores facilitadores acima referidos demoraram alguns anos a ocorrer.

A FICV tem uma tradição de investigações e avaliações periódicas.
"Learning from Nineties" foi um exercício dispendioso, orçamentado em 1 milhão de francos suíços em 1998, que envolveu muitos funcionários do secretariado e alguns investigadores externos. Foi adoptada uma abordagem semelhante para a revisão intercalar da Estratégia 2010. Foi também um exercício com a duração de um ano e um orçamento de 350 000 CHF, excluindo a equipa de três funcionários do Secretariado que trabalharam quase a tempo inteiro no projeto.
A análise da Estratégia 2010, este bem sucedido exercício de planeamento estratégico a nível da Federação, diz-nos que, para preencher a lacuna entre os mecanismos existentes e a falta de mecanismos funcionais, o Conselho Diretivo depende de mecanismos dispendiosos de revisão ad-hoc e de conceção de estratégias.

> "... a governação precisa de estar equipada com o nível adequado de autoridade e com ferramentas para promover e monitorizar o cumprimento consistente das decisões de governação" (questão interna IFRC, 2005: 4)

A necessidade de uma revisão do processo de tomada de decisão foi reconhecida pelo processo "Federação do Futuro", que salientou o papel fundamental que a governação tem de desempenhar nesse processo.

> "A governação tem um papel de liderança fundamental ... na reforma dos processos de tomada de decisão e na tomada de medidas corretivas decisivas para garantir a unidade, a coesão e a integridade." (Federação do Futuro, 2005:15)

A Federação do Futuro reconhece este problema e, consequentemente, exigiu um sistema de monitorização e análise de tendências consistente e alargado a toda a Federação (Federação do Futuro, 2005:10)

Como a Governação reúne a informação necessária para a conceção de políticas e monitoriza a implementação de políticas e estratégias através do Secretariado, é importante rever o papel da gestão da Federação Internacional e a sua relação com a Governação.
O Secretariado é o Gabinete do Secretário-Geral que actua sob a sua autoridade. É uma estrutura amplamente reconhecida na prática pelo Movimento da Cruz Vermelha e do Crescente Vermelho, mas não tem qualquer reconhecimento formal nos documentos legais do Movimento. A Constituição da Federação Internacional reconhece e define o papel do Secretário-Geral, mas não menciona o Secretariado.

> "Os Órgãos Estatutários da Federação Internacional são os órgãos com funções de governação, que são:

- A Assembleia Geral;
- O Conselho Diretivo;
- O Presidente;

e o órgão com funções executivas, que é o Secretário-Geral". (Constituição IFRC, 2007: 10)

Uma das principais responsabilidades do Secretariado é o apoio à governação no processo de tomada de decisão. Como observado durante a análise do processo de tomada de decisão da Federação, às vezes o Secretariado fornece às estruturas de governança decisões "meio cozidas", assumindo assim um papel de tomador de decisões.

Por outro lado, o apoio prestado à governação é considerado uma segunda prioridade em relação à execução do programa.

> "Com a ênfase na gestão de programas e operações, há uma preocupação de que o Secretariado da Federação não dedique recursos adequados para fornecer um nível básico de serviços e apoio à governação e aos membros noutras áreas." (Questão interna IFRC, 2005: 7)

3) Quais são alguns dos desafios enfrentados pelo conselho de administração em resultado da globalização e os potenciais mecanismos de resposta?

Devido à pressão dos seus governos, muitas sociedades nacionais estão a operar fora do seu círculo eleitoral tradicional. Muitas delas iniciaram operações e abriram escritórios noutros países, operando aí como organizações independentes ou como parte da ação dos seus governos em resposta à crise. Da minha experiência na crise dos refugiados no Kosovo, em 1999, 11 sociedades nacionais de países da UE, num total de 15, actuaram em conjunto com os respectivos governos e não como parte da Federação. A mais recente grande operação, o terramoto no Nepal, revelou os esforços de uma abordagem de movimento. A FICV, o CICV e 29 SPN estão/estiveram presentes no Nepal. A FICV lançou um apelo de emergência de 85 milhões de francos suíços (88 milhões de dólares/78 milhões de euros) para ajudar a Sociedade da Cruz Vermelha do Nepal a prestar ajuda de emergência aos sobreviventes do terramoto e a apoiar a recuperação a longo prazo das comunidades afectadas. O CICV juntou-se ao apelo e apoiou-o na sequência de um acordo de sede entre as duas instituições que definia as responsabilidades de cada uma. Os PNS também contribuíram de forma coordenada para responder às necessidades do Nepal.

Ainda assim, as sociedades nacionais não têm uma visão mútua e consensual sobre o que a Federação representa e qual é o papel do Secretariado. Muitos consideram a Federação como tendo um papel de representação e o Secretariado como a estrutura que coordena e presta serviços aos membros, enquanto outros vêem a Federação como uma organização e o Secretariado como a estrutura unificadora de operações comuns.

> "... um papel limitado à prestação de serviços aos membros, a atuar como um organismo operacional que executa programas internacionais ou a atuar como uma autoridade central que coordena as actividades globais e salvaguarda a integridade da Cruz Vermelha e do Crescente Vermelho." (Edição interna IFRC, 2005: 2)

Embora os membros não concordem com o papel da Federação Internacional, é claro que eles terão expectativas e atitudes diferentes em relação à organização. A menos que as organizações tenham uma posição clara sobre quais são os papéis e responsabilidades de todos os membros, é difícil chegar a um acordo sobre um quadro comum de responsabilidade.

> "tem havido surpreendentemente pouco debate dentro da organização sobre o que significa trabalhar e agir coletivamente como uma Federação, e sobre os papéis e responsabilidades de cada parte da Federação - governação, membros e Secretariado" (Edição interna IFRC, 2005: 2)

Isto está a acontecer num contexto de globalização, uma vez que os países estão organizados em agrupamentos regionais com o objetivo de agirem em conjunto em caso de catástrofes.

Outro desafio que o Conselho de Administração enfrenta é que, devido à composição específica da Federação, constituída por sociedades nacionais membros independentes, o Conselho de Administração da Federação Internacional está excluído de qualquer controlo sobre a gestão de uma única sociedade nacional. O pessoal das sociedades nacionais que operam noutro país é responsável perante a sua direção e a sua sociedade nacional, que, por sua vez, é responsável perante a Federação Internacional. Este facto torna também necessário e difícil que o Conselho de Administração seja responsável perante os parceiros, os beneficiários e os governos envolvidos nas operações internacionais. Estas questões continuam por resolver e necessitam de um amplo debate a nível da organização e da adoção de medidas conclusivas.

Uma parte importante da definição das funções e responsabilidades é um acordo conjunto sobre o papel do Secretariado. O Secretariado é o mecanismo de controlo óbvio para um potencial quadro de responsabilidade a nível da Federação, em nome do Conselho de Administração, e como tal deve ter uma autoridade acordada dentro da Federação Internacional.

> "A governação e os membros devem defender e apoiar as funções únicas e as vantagens que o seu secretariado lhes proporciona." (Tufts University, 2004: 91)

O secretariado negoceia acordos de estatuto jurídico com os governos do país em causa. Estes acordos de estatuto conferem uma série de benefícios legais e administrativos, bem como obrigações ao Secretariado em relação ao governo. As sociedades nacionais que operam nesses países exigem beneficiar desses acordos de estatuto e aceitam operar formalmente sob a égide do Secretariado da Federação Internacional. No momento em que isso acontece, o Secretariado da Federação Internacional torna-se formalmente responsável pelas suas operações e acções perante o governo.

> "...quando a FICV negociou um acordo de estatuto ...estende a esses delegados os privilégios e imunidades da delegação da FICV, mas também os obriga a agir em conformidade com os princípios do acordo." (Tufts University, 2004: 67)

É da responsabilidade do Conselho de Administração certificar-se de que a Federação Internacional é capaz de exercer o controlo necessário sobre essas sociedades nacionais, a fim de garantir a responsabilidade perante os governos anfitriões. O Secretariado deve ter a autoridade reconhecida para monitorizar o cumprimento dos acordos nacionais e informar o Conselho de Administração.

> "A FICV - o que significa, de alguma forma, a sua governação - precisa de rever sistematicamente todas as funções e serviços atualmente incorporados no Secretariado e nas suas delegações ... (Tufts University, 2004: 91)

O processo de tomada de decisão é um desafio adicional para a governação da Federação. As reuniões constitucionais em si nem sempre estão alinhadas umas com as outras. A Federação Internacional organiza as suas Assembleias Gerais de dois em dois anos. Todas as sociedades nacionais estão presentes e muitas decisões políticas/estratégicas são tomadas. Além disso, cada uma das quatro regiões (África, Américas, Ásia/Pacífico e Europa) organiza as suas conferências regionais de quatro em quatro anos. O formato e a abordagem das conferências regionais são diferentes e tendem a dar seguimento à conferência anterior, com pouca preocupação com as decisões políticas/estratégicas tomadas na anterior Assembleia Geral da Federação.

A organização está a tornar-se cada vez maior e, para além das reuniões constitucionais, os membros estão a organizar reuniões e redes com perfis políticos/estratégicos mais específicos e limitados - muitas vezes em desacordo uns com os outros.

Para além de tudo o resto, como parte do Movimento da Cruz Vermelha e do Crescente Vermelho, a Federação participa no Conselho de Delegados de dois em dois anos e na Conferência Internacional de quatro em quatro anos. O documento sobre questões internas reconheceu a "complexidade - e as despesas - dos processos de tomada de decisão na Federação e no Movimento. Conferências Regionais,

As Comissões da Federação, o Conselho Diretivo, a Assembleia Geral, o Conselho de Delegados e as Conferências Internacionais: todos contribuem para criar um conjunto confuso de decisões estratégicas e políticas." (Edição interna IFRC, 2005: 4)

**Secção 5: Quais são alguns dos mecanismos de resposta do Conselho de Administração?**

Para fazer face ao volume de trabalho de conceção e acompanhamento das decisões políticas, o Conselho Diretivo recorre a comissões, comités e grupos de trabalho. O Conselho Diretivo tem quatro comissões e diferentes grupos de trabalho. As Comissões de Finanças e da Juventude têm um lugar permanente no Conselho Diretivo.

O Conselho de Administração tem órgãos consultivos que cobrem diferentes áreas de atividade da Federação, enquanto os grupos de trabalho têm funções temporárias delegadas pelo Conselho de Administração. Os grupos consultivos concentravam os seus esforços na conceção e acompanhamento das políticas nas principais áreas de interesse da FICV: desenvolvimento das sociedades nacionais, resposta a catástrofes e socorro, saúde e cuidados, desenvolvimento do voluntariado, etc. Foram estes grupos consultivos que submeteram projectos de políticas à revisão/aprovação do Conselho de Administração e, sucessivamente, mantiveram um papel de monitorização em nome do Conselho de Administração , apresentando relatórios periódicos ao Conselho de Administração. A Assembleia Geral de 2013 terminou o mandato dos órgãos consultivos e não é claro quem desempenhará o papel de conceção e monitorização das políticas.

Recentemente, o Conselho de Administração introduziu o envolvimento direto das sociedades nacionais nas decisões relativas à política de conceção. O maior envolvimento das sociedades nacionais tem como objetivo um maior sentido de propriedade e espera uma maior responsabilização na implementação dessas decisões.

A revisão constitucional de 2007 procurou clarificar as relações entre o Conselho de Administração e o Secretário-Geral e, consequentemente, o secretariado. Com a nova constituição, o Secretário-Geral é diretamente responsável perante o Conselho de Administração e é nomeado e demitido no exercício das suas funções pelo Conselho de Administração. (FICV 2007: 14) Esta alteração aumenta a autoridade do Conselho de Administração em relação ao Secretariado, com o objetivo de aumentar a confiança das sociedades nacionais no seu Secretariado.

**Secção 6: Conclusão sobre o estudo de caso**

O Conselho de Administração é desafiado a liderar uma Federação Internacional diferente da que estava a funcionar há alguns anos.

Os membros estão mais confiantes para confrontar cada vez mais a autoridade central e estão a "jogar o jogo" num mundo globalizado com as suas próprias estruturas e estratégias paralelas em países que não foram selecionados apenas com base nas necessidades.

A organização está a tornar-se demasiado grande; é difícil e dispendioso assegurar a liderança. O Conselho de Administração tem de assegurar a coerência das decisões políticas e controlar o seu cumprimento, o que exige tempo, uma vez que o Conselho de Administração se reúne apenas duas vezes por ano.

A tomada de decisões é lenta e dispendiosa, o que não se adequa a uma organização que pretende lidar com questões globais, mantendo-se suficientemente flexível para responder às necessidades locais.

O Conselho de Administração e os quadros superiores do Secretariado devem rever os seus processos de tomada de decisão e definir quem está em melhor posição para tomar decisões, a fim de assegurar a flexibilidade, dispondo simultaneamente de mecanismos de responsabilização para evitar pôr a organização em risco.

A Federação Internacional deu passos significativos para completar o puzzle da responsabilidade, mas não clarificou o seu quadro de responsabilidade. A governação deve induzir as sociedades nacionais membros a participarem num debate sério sobre o quadro de responsabilidade a nível da Federação e os mecanismos necessários para o controlar.

Tanto a responsabilidade interna quanto a externa são igualmente importantes para a Federação Internacional, a fim de garantir que a organização permaneça relevante. A organização e a sua governação devem abordar seriamente a questão da responsabilidade perante os beneficiários. Atualmente, esta é mais uma abordagem ad-hoc e não devem existir mecanismos coerentes a nível da Federação para garantir a responsabilidade perante os beneficiários. A parceria com os beneficiários é um passo importante na direção certa.

## Capítulo 5

## Conclusões

O tema da responsabilização é hoje um ingrediente essencial nos círculos humanitários. Existe pressão por parte do público, dos governos e de todas as partes interessadas para que os sistemas de responsabilização sejam mais coerentes. As organizações humanitárias querem ser protagonistas neste processo, razão pela qual grupos de organizações tomaram iniciativas importantes com o objetivo de desenvolver normas de responsabilização para a atividade humanitária.

A atividade humanitária mudou nos últimos anos, com uma clara tendência para se tornar global. As organizações internacionais estão a crescer e a criar federações, ONG "de marca" ou associações que operam em mais do que um país. Este fenómeno alterou as suas relações com as partes interessadas, bem como as suas relações internas e, consequentemente, a sua responsabilidade.

As ONGI têm múltiplas partes interessadas e enfrentam diferentes tipos de responsabilidade. Os compromissos de responsabilização das ONGI também têm diferentes níveis de formalidade. As ONGI são formalmente responsáveis perante os doadores e este tipo de responsabilidade tem frequentemente implicações legais.

Entretanto, a responsabilidade perante as populações afectadas é geralmente informal e cabe à organização defini-la. Especialmente importante, a responsabilização perante as comunidades afectadas é um indicador da elevada qualidade da programação (de acordo com diferentes estudos) das ONGI, a responsabilização perante os beneficiários tem atraído a atenção dos principais actores humanitários. Uma iniciativa coordenada pelo CCRSA envolve nove organizações internacionais[6] que, em 2008-2009, iniciaram uma análise interpares sobre a responsabilidade perante a população afetada. Os resultados desta análise devem servir para rever as normas de responsabilização perante os beneficiários.

Este documento analisou a forma como a responsabilização das ONGI se alterou em resultado da globalização e como esta alteração afectou o papel dos conselhos de administração dessas ONGI na garantia da responsabilização das organizações.

---

[6] Os participantes na avaliação interpares sobre a responsabilidade perante a população afetada são a FICV/CICV, o CICV, a Care International, a Caritas International, a Federação Luterana Mundial, a OXFAM, a Save the Children, o Conselho Mundial das Igrejas e o ACNUR

O Conselho de Administração mantém o pessoal e as estruturas das ONGI responsáveis, dizendo-lhes claramente o que devem fazer (indicações políticas e estratégicas); revendo o processo de tomada de decisões da organização e certificando-se de que o Conselho de Administração tem a última palavra a dizer na organização; bem como dispondo de mecanismos de monitorização.

Em resultado desta análise, é possível argumentar que a globalização obriga os conselhos de administração a reverem o seu papel de liderança em geral e, como parte deste, o papel que desempenham na garantia da responsabilização da organização. A liderança de qualquer organização global é, por si só, um grande desafio. Como as organizações operam em muitos países, empregam um grande número de funcionários e envolvem um número ainda maior de voluntários ou apoiantes, os conselhos de administração não podem assegurar um controlo direto.

Deveriam orientar-se mais para uma liderança proactiva. Por liderança proactiva entendemos uma orientação consistente através de orientações políticas e estratégicas. Para tal, os conselhos de administração têm de desenvolver políticas que sejam relevantes para a organização no seu todo - suficientemente gerais para abranger realidades diversas e suficientemente específicas para que sejam significativas para os casos individuais. Este processo exige uma ampla participação das organizações membros e uma grande quantidade de informação. Como se viu no caso da Federação Internacional, a utilização de pequenos grupos de trabalho de governação com responsabilidades ad-hoc no processo de elaboração de decisões políticas e/ou de monitorização contínua são soluções potenciais.

Tal como acima descrito, o processo é muito exigente e moroso. Para desempenhar um papel de liderança eficaz, os conselhos de administração devem, em primeiro lugar, rever o nível das decisões que tomam e certificar-se de que não microgerem a organização. É importante manter o papel de liderança no conselho de administração, mas é igualmente importante conferir um mandato à direção e respeitar a sua autonomia, assegurando a responsabilidade da direção perante o conselho de administração.

A gestão das ONGIs, geralmente a sua sede central, tem um papel importante a desempenhar no apoio à governação central da organização, mas poderia facilmente assumir as responsabilidades da governação. A governação tem o mandato das organizações membros para dirigir a ONGI e deve ser responsável perante elas na devida altura.

Ao analisar o papel dos conselhos de administração das ONGI, este documento concluiu que estes são, em última análise, responsáveis pela prestação de contas das organizações, quer como guardiões dos valores organizacionais, quer como preservadores da imagem pública, que é um instrumento de credibilidade e de mobilização de recursos para a organização.

A variabilidade dos compromissos de responsabilização de uma ONGI exige que a organização defina claramente o seu quadro de responsabilização. O conselho de administração da organização tem um papel crucial no desenvolvimento desse quadro. Depois de o fazer, é necessário tornar público o quadro de responsabilidade, para que as partes interessadas estejam bem cientes dos compromissos da organização.

Ao definir o seu quadro de responsabilidade, as ONGI devem igualmente ter em conta a responsabilidade interna. As ONG internacionais são compostas por organizações associadas ou federadas. Esta forma de organização tem de equilibrar a independência da organização individual com os compromissos decorrentes da adesão à organização de cúpula. Tal como analisado no estudo de caso da Federação Internacional, é difícil encontrar uma interpretação comum para todos os membros, pelo que pode tornar-se uma fonte de tensão na organização.

As organizações nacionais membros de ONGI têm o seu próprio quadro de responsabilização e os seus conselhos de administração devem certificar-se de que este quadro de responsabilização está em conformidade com a responsabilização da organização de cúpula.

Este documento teve em consideração as diferentes e por vezes conflituosas responsabilidades e interesses que as organizações membros de organizações federadas ou associadas têm. Isto inclui a sua constituição, o seu governo, os seus doadores, os seus beneficiários, bem como as suas organizações irmãs na federação ou associação a que concordaram em aderir.

Esta dissertação analisou este aspeto apenas na medida em que afecta a responsabilidade e a credibilidade globais das ONGIs. No estudo de caso, identificámos uma responsabilização desequilibrada nas sociedades nacionais, ou seja, uma vontade especial de seguir as instruções dos seus doadores, dando menos importância à responsabilização perante outras partes interessadas. Este é um dilema moral na atividade humanitária, uma vez que está relacionado com a missão e os valores das organizações humanitárias. As organizações humanitárias são um grupo de pessoas que partilham os mesmos valores humanitários, que querem levar por diante a sua missão no mundo, ou um braço dos seus governos para prestar serviços que estes últimos já não podem ou não querem oferecer? Esta análise é relevante, mas ultrapassa o âmbito do presente documento.

Os conselhos de administração devem não só conceber o quadro de responsabilização da organização, mas também dispor de sistemas de monitorização. Como parte do quadro de responsabilização, as ONGI devem acordar e comprometer-se também com práticas de monitorização.

Este documento analisou os mecanismos de monitorização da Federação Internacional e identificou progressos e lacunas. Mais importante ainda, as ONGI devem dispor de um mecanismo de avaliação das necessidades e de apresentação de relatórios a nível da organização. Quando não existe um mecanismo de avaliação das necessidades e de comunicação de rotina, este é substituído por processos de revisão dispendiosos. Em segundo lugar, é importante estabelecer parcerias com as partes interessadas para monitorizar a responsabilidade para com elas. Isto é particularmente importante no caso da responsabilidade perante os beneficiários.

**Bibliografia**

**Abzug R. Abzug & Galaskiewicz,J**. *Conselhos de Administração de organizações sem fins lucrativos: Crucibles of Expertise or Symbols of Local Identities?* Nonprofit and Voluntary Setor Quarterly, Sage Publications 2001 **Adirondack S e Sinclair-Taylor S. J** *The Voluntary Setor Legal Handbook* Diretory of Social Change 2001

**Barr A. Fafshamps M and Owens T** *The Governance of Non-Governmental Organizations in Uganda* World Development Vol. 33, No. 4, 2005

**Bendell J.** *Debating NGO Accountability (Debatendo a responsabilidade das ONG*) UN-NGLS 2006

*Collins English Dictionary* Harper Collins Publisher 1992

**Demb A, Neubauer F,** The corporate board: Confronting the Paradoxes (Oxford University Press 1992)

**Dichter T** *A globalização e os seus efeitos nas ONG: Efflorescence or a Blurring of Roles and Relevance?* Nonprofit and Voluntary Setor Quarterly, Sage Publications 1999;

**Eade D** ed. *Development, NGOs and Civil Society* Information Press Eynsham, 2000 **Edwards M e Hulme D** *Too Close for Comfort? The Impact of Official Aid on Nongovernmental Organizations* World Development, Vol. 24, No. 6, Elsevier Science Ltd 1996

**Edwards M**. *International Development NGOs: Agents of Foreign Aid or Vehicles for International Cooperation? Nonprofit and Voluntary Setor Quarterly,* Sage Publications *1999;*

**Gordon J.** *Accountability and Global Governance: The Case of Iraq* Ethics & International Affairs Volume 20 Issue 1 2006

**Jordan L e Van Tuijl P** *Political Responsibility in Transnational NGO Advocacy* World Development, Vol. 28, No. 12, Elsevier Science Ltd 2000

**Hilhorst D** *Ser bom a fazer o bem? Qualidade e responsabilidade das ONG humanitárias* Catástrofes Volume 26 Número 3 2002

**Hind** *A The Governance and Management of Charities* Biddles Limited 1995

**Howe F,** Board member's guide to strategic planning (Jossey-Bass Inc. 1997)

**Jepson P.** *Governance and accountability of environmental NGOs* Environmental Science & Policy 8, 2005

**Kalegaonkar B**, *Support Organizations and the Evolution of the NGO Setor* Nonprofit and Voluntary Setor Quarterly Vol 31, Sage Publications 2002

**Kilby P.** *Accountability for Empowerment: Dilemas enfrentados pelas organizações não governamentais* Desenvolvimento mundial Vol. 34, No. 6, 2006

**Lehman G** *A responsabilização das ONG na sociedade civil e nas suas esferas públicas* Critical

Perspectives on Accounting Volume 18 2007

**Lindenberg M. Bryant** C *Going Global: Transforming Relief and Development NGOs* (Kumarian Press Inc. 2001)

**Lorsch J.W**, Pawns or potentates: *The reality of America's Corporate Boards* (Harvard business school press 1989)

**Macrae. J edt.** *The New Humanitarianisms: A Review of Trends in Global Humanitarian Action* HPG Report 11 2002

**Mawdsley E. Townsend J e Porter G.** *Trust, accountability, andface-to-face interaction in North-South NGO relations* Development in Practice, Volume 15, Número 5, Routledge Publishing 2005

**McCambridge R** *Underestimating the Power of Nonprofit Governance Nonprofit and Voluntary Setor* Quarterly, Sage Publications 2004

**Miller-Millesen J.** *Understanding the Behavior of Nonprofit Boards of Diretors: A TheoryBased Approach* Nonprofit and Voluntary Setor Quarterly, Sage Publications 2003

**Newell P.** *Citizenship, accountability and community:the limits of the CSR agenda* International Affairs Volume 81 Issue 3 2005

**Offenheiser R e Holcombe S,** *Challenges and Opportunities in Implementing a Rights- Based Approach to Development: An Oxfam America Perspective,* Nonprofit and Voluntary Setor Quarterly, Volume 32, Número 2 Sage Publications 2003

*Relatório de Prestação de Contas da* **OXFAM** *06/07* **2008**

**Quigley J,** *Vision, how leaders develop it, share it, & sustain it* (McGraw-Hill, Inc. 1993)

**Reimann K** *A View from the Top: International Politics, Norms and the Worldwide Growth of NGOs* International Studies Quarterly Volume 50 Blackwell Publishing 2006

**Salamon** et al *Global Civil Society: Dimensions of Nonprofit Setor* (The John Hopkins Centre for Civil Society Studies, 1999)

**Salm J**. *Coping with Globalization: A Profile of the Northern NGO Setor* Nonprofit and Voluntary Setor Quarterly, Sage Publications 1999;

**Smillie I e Helmich H** (Eds), *Stakeholders: Government-NGO Partnerships for International Development,* Earthscan, Londres, 1999.

**Townsend J & Townsend A** *Accountability, motivation and practice:NGOs North and South* Social & Cultural Geography, Vol. 5, No. 2, Routledge Publishing 2004

**Walsh E Lenihan H** *Accountability and effectiveness of NGOs: adapting business tools Successfully* Development in Practice, Volume 16, Número 5, Routledge Publishing 2006

**Wenar L** *Accountability in International Development Aid* Ethics & International Affairs, Volume 20, Número 1 2006

**Yash Ghai,** *"Human Rights and Social Development: Towards Democratization and Social*

*Justice"*, Instituto de Investigação das Nações Unidas para o Desenvolvimento Social, outubro de 2001

**Zander A**. *Making Boards Effective: The Dynamics of Nonprofit Governing Boards* (Jossey- Bass Inc. 1993)

**Bibliografia na Web**

**ACEVO** Good Governance, A Code for the Voluntary and Community Setor, 2005 http://www.governancehub.org.uk/downloads/Gd-Gov-FINAL.pdf

**Allsop I** *Voluntary sector governance survey 2007* http://www.bakertilly.co.uk/pdf/CF Governance Survey 2007.pdf Acesso em 10 de agosto de 2008

**Edwards Michael,** *"Philanthrocapitalism" and Its Limits"* International Journal of Not-for- Profit Law / vol. 10, no. 2, abril de 2008 http://www.icnl .org/knowledge/ijnl/vol 10iss2/vol 10iss2.pdf Acedido em 18 de novembro de 2008

**Feinstein International Famine Centre Tufts University USA** *One for All and All for One Support and Assistance Models for an Effective IFRC: A Report for the International Federation of Red Cross and Red Crescent Societies* August 2004 https://wikis.uit.tufts.edu/confluence/download/attachments/14553442/one for all.pdf7versi on=1 Acedido em 17 de novembro de 2008

**Instituto Fritz** "NEPARC" http://www.fritzinstitute.ors/Neparc/neparclndex.htm Acesso em novembro de 2008

**Parceria para a Responsabilidade Humanitária** *Responsabilidade - a nossa definição* http://www.hapinternational.org/en/page.php?IDcat=10&IDpage=64 Acedido em novembro de 2008

**Parceria para a Responsabilidade Humanitária** *O Guia da Norma HAP: Responsabilidade Humanitária e Gestão da Qualidade* *http: www.oxfam.org.uk resourcesdownloads HAPHAPPt!-1.pdf*'Acedido em 19 de agosto de 2008

**Keystone and Accountability** *A BOND Approach to Quality in Non-Governmental Organisations (Uma Abordagem BOND à Qualidade nas Organizações Não Governamentais): Putting Beneficiaries* First 2006 http://www.civicus.org/new/media/putting beneficiaries first.pdf Acedido em 22 de julho de 2008

**CICV** *Descubra o CICV* http://www.icrc.org/Web/Ene/siteeng0.nsf/htmlall/section discover the icrc?OpenDocumen t Acesso em 27 de janeiro de 2008

**IFRC public web** *Who we are* http://www.ifrc.org/who/index.asp?navid=03 01 Acedido em 27 de janeiro de 2008

*Constituição* **pública da FICV** http://www.ifrc.org/Docs/pubs/who/constitution/Constitution

revised-en.pdf Acedido em fevereiro de 2007

**Organizações não governamentais internacionais Compromisso de responsabilização** *Carta de Responsabilização* http://www.ingoaccountabilitycharter.org/download/ingo-accountability-charter-eng.pdf Acedido em 17 de setembro de 2008

**Macrae J** *The 'bilateralisation' of humanitarian response: trends in the financial, contractual and managerial environment of official humanitarian aid.* Overseas Development Institute London 2002 http://www.reliefweb.int/rw/lib.nsf/db900SID/JDAB- 5PJGHC/$FILE/ODI-bilaterisationhumanitarianaid-oct02.pdf?OpenElement Acesso em 25 de maio de 2007

**One World Trust** *Caminhos para a responsabilização: A short guide to the GAP Framework* http://www.oneworldtrust.org/documents/Pathways to Accountability, A Short Guide to the GAP Framework.pdf Acedido em 15 de julho de 2007

**Overseas Development Institute (ODIJ** *Annual report 2008* http://www.odi.org.uk/publications/annual-report/2008.pdf Acedido em 8 de setembro de 2008

**OXFORD** *Dictionaries* http://www.askoxford.com/results/?view=dev dict&field-12668446=accountable&branch=13842570&textsearchtype=exact&sortorder=score%2Cnam e Acedido em 2 de setembro de 2008

**SCHR,** *Peer Review on Accountability to Disaster-Affected Populations- An Overview of Lessons Learned,* http://schr.info/assets/uploads/docs/100212-SCHR-Peer-Review-lessons- paper-January-2010.pdf acedido a 30 de janeiro de 2016

**Stoddard A.** *Humanitarian NGOs: challenges and trends* Humanitarian Policy Group, http://www.odi.org.uk/HPG/papers/hpgbrief12.pdf acedido em 6 de julho de 2007

**Taylor B, Chait R e Holland T** *The New Work of the Nonprofit Board* Harvard Business Review setembro de 2006 http://harvardbusinessonline.hbsp.harvard.edu/hbsp/hbr/articles/article.jsp?ml action=get- article&articleID=96509&ml page=1&ml subscriber=true Acedido em 15 de junho de 2007.

*Relatório de síntese* **do CET***: Resumo alargado Avaliação conjunta da resposta internacional ao tsunami no Oceano Índico* em 2007 http://www.tsunami-evaluation.org/NR/rdonlyres/32424F75-2C95-41BB-8D22-FA6867C67A96/0/Syn Report Sum.pdf

**Centro de Notícias da ONU** *Ban Ki-moon manifesta a sua preocupação com o relatório sobre o abuso sexual de crianças pelas forças de manutenção da paz* http://www.un.org/apps/news/story.asp?NewsID=26812&Cr=peacekeep&Cr1= Acesso em 12 de agosto de 2008

**Useem M.** *How Well-Run Boards Make Decisions* Harvard Business Review November 2006http://harvardbusinessonline.hbsp.harvard.edu/hbsp/hbr/articles/article.jsp?ml action=g et-article&articleID=R0611H&ml page=1&ml subscriber=true Acedido em 31 de maio de 2007

**Literatura cinzenta da Federação Internacional**

**Organização Gallup e FICV** *"Implementing the Global Agenda: a baseline survey of National Society Programming* Genebra 2007

**IFRC** *"Learning from Nineties"* 1999

**IFRC** *"Governação: orientações para as sociedades nacionais"* 2000

**IFRC** *"Documento de discussão sobre as tendências externas"* agosto de 2004

**IFRC** *"Revisão Intercalar da Estratégia 2010"* 2005

**IFRC** *"A Federação do Futuro: Trabalhando juntos para um amanhã melhor"* 2005

*Documento de discussão sobre questões internas* **da FICV** 2005

**IFRC** *"Política sobre a proteção da integridade das sociedades nacionais"* 2005

*Constituição* **da FICV** 2007

*Regulamento Interno* **da FICV** 2007

**IFRC** *"Manual de Monitorização e Avaliação"* 2002

**IFRC** *"Manual de Alianças Operacionais, Parte A"* 2008

**IFRC** *"Acordo de Cooperação - Estratégia, Diretrizes e Ferramentas para uma cooperação mais eficaz"* 2007

**IFRC** *"Todos contam" 2015*

**IFRC** *"Princípios e Regras para a Assistência Humanitária da Cruz Vermelha e do Crescente Vermelho 2013"*

**IFRC** "Quadro de Políticas da Federação Internacional das Sociedades da Cruz Vermelha e do Crescente Vermelho" 2013

**IFRC** *"Plano de ação para a responsabilidade e a transparência" 2014*

**IFRC** *"Todos contam" 2015*

**IMD** *"Governing Board Performance Accountability, Evaluation and the Impact of Board Decisões" 2013*

**Laberge P.** *"Capturing Learning from Movement Coordination Framework" 2006*

*Movimento da Cruz Vermelha e do Crescente Vermelho "Estratégia para o Movimento Internacional da Cruz Vermelha e do Crescente Vermelho" 2005*

**Movimento da Cruz Vermelha** *e do Crescente Vermelho "Princípios e Regras para a Assistência a Catástrofes da Cruz Vermelha e do Crescente Vermelho"* 1995

**Sandison P.** *"Audit of the International Federation's Disaster Related Policies" (Auditoria das políticas da Federação Internacional relativas a catástrofes*) 2007

## Anexo 1

**Breve descrição do Movimento Internacional da Cruz Vermelha / Crescente Vermelho:**

- Comité Internacional da Cruz Vermelha

O CICV é uma organização independente e neutra que assegura a proteção e a assistência humanitária às vítimas da guerra e da violência armada. O CICV tem um mandato permanente ao abrigo do direito internacional para tomar medidas imparciais a favor dos prisioneiros, dos feridos e doentes e dos civis afectados por conflitos. (CICV 2008)

O Movimento reconhece a liderança do CICV nas actividades internacionais em situações de conflito e na promoção do direito internacional humanitário. O CICV foi a primeira componente do Movimento, fundado em 1863 e reforçado em 1964 pelas Convenções de Genebra.

- A Federação Internacional das Sociedades da Cruz Vermelha e do Crescente Vermelho

A Federação leva a cabo operações de socorro para ajudar as vítimas de catástrofes, combinando-as com o trabalho de desenvolvimento para reforçar as capacidades das suas sociedades nacionais membros. (FICV 2008) O papel da Federação Internacional no Movimento é a coordenação e liderança da assistência internacional às pessoas afectadas por catástrofes naturais e de origem humana em situações de não-conflito.

- Sociedades nacionais

Durante a última Assembleia Geral, em novembro de 2015, a Federação admitiu a sua 190ª organização nacional membro da Cruz Vermelha ou do Crescente Vermelho (IFRC 2015).

Cada sociedade nacional funciona através dos seus voluntários e do seu pessoal, que prestam serviços que vão desde o socorro em caso de catástrofe, à educação e assistência sanitária, às dádivas de sangue e aos serviços e formação em primeiros socorros.

As sociedades nacionais têm um papel auxiliar independente em relação às autoridades públicas dos seus países no domínio humanitário.

| **Key facts and figures of national societies action**[7] (Indicative) | **Projected Estimation for 186 national societies** |
|---|---|
| Total income in 2013 (in CHF) | 30.8 billion |
| Number of volunteers actively engaged in programme delivery | 16 million |
| Estimated total number of vulnerable people directly reached | 110 million people reached by disaster response and early recovery programme<br>160.7 million reached by long-term services and development programmes |

[7] Estes dados provêm da publicação "Everyone Counts-Progress 2015"

## Anexo 2

### Quadro de Política Organizacional da Federação Internacional da Cruz Vermelha e do Crescente Vermelho

A Federação Internacional, assim como os outros componentes do Movimento, aplicam os sete princípios fundamentais da Cruz Vermelha e do Crescente Vermelho, que são Humanidade, Imparcialidade, Neutralidade, Independência, Serviço Voluntário, Unidade e Universalidade. (Ibid) Na sua Assembleia Geral de 2005 em Seul, as Sociedades da Cruz Vermelha/Crescente Vermelho aprovaram a nova Visão e os Valores Organizacionais da Federação e, como parte da Estratégia da Federação para 2010, as Sociedades Nacionais aprovaram em 1999 a sua Missão.

> "A visão da Federação: Nós lutamos, através de acções voluntárias, por um mundo de comunidades capacitadas, mais capazes de enfrentar o sofrimento humano e as crises com esperança, respeito pela dignidade e uma preocupação com a equidade. Nossa missão é melhorar a vida das pessoas vulneráveis, mobilizando o poder da humanidade." (Ibid)

Com o objetivo de unificar a ação da Federação para alcançar a sua Visão e cumprir a Missão da organização, a Assembleia Geral da Federação aprovou em 2005 a Agenda Global com quatro Objectivos

> "Atingir os ambiciosos objectivos estabelecidos na Agenda Global constituirá a maior contribuição da Federação para a realização dos Objectivos de Desenvolvimento do Milénio e do Quadro de Hyogo. Durante os próximos cinco anos, o foco coletivo da Federação será a realização dos seguintes objectivos e prioridades:
>
> Os nossos objectivos
>
> Objetivo 1: Reduzir o número de mortos, feridos e o impacto das catástrofes.
>
> Objetivo 2: Reduzir o número de mortes, doenças e impacto das doenças e emergências de saúde pública.
>
> Objetivo 3: Aumentar a capacidade da comunidade local, da sociedade civil e da Cruz Vermelha e do Crescente Vermelho para enfrentar as situações mais urgentes de vulnerabilidade.
>
> Objetivo 4: Promover o respeito pela diversidade e pela dignidade humana e reduzir a intolerância, a discriminação e a exclusão social". (ibid)